Bienvenido a Brujas, ciudad patrimonio de la humanidad

Hay lugares que, aun sin conocerlos en detalle, simplemente emocionan. Brujas es uno de estos lugares únicos. Una ciudad a escala humana, que se ha hecho grande gracias a su irresistible historia. Cultural, artística, cosmopolita, borgoñona rebelde, medieval misteriosa y patrimonio de la UNESCO.

Palmstraat

Descubrir
Brujas

4   Lo más destacado de Brujas

8   **Paseo 1**
          Brujas, ciudad patrimonio de la humanidad

22   **Paseo 2**
          Brujas: con B de Borgoñón

36   **Paseo 3**
          Callejeando por la Brujas tranquila

48   La historia de Brujas

Lo más destacado de Brujas
Los clásicos que no se puede perder

🛥 Rozenhoedkaai y canales de Brujas, estampa de la ciudad

El Rozenhoedkaai (Muelle del Rosario) une el Campanario con los canales, las arterias de la ciudad creando una bonita estampa. No es de extrañar que el Rozenhoedkaai se haya convertido en el lugar más pintoresco de la zona. Si quiere encontrar más rincones especiales y secretos escondidos, haga una ruta en barco. Desde el agua, Brujas es todavía más encantadora. Un clásico que no se puede perder.

🐎 El Markt, visita obligada

El Campanario, con sus 83 metros, lleva siglos dominando el animado centro de la ciudad. En la actualidad puede subirse a la «cima» del Campanario. Desde lo alto se le premiará con una impresionante vista panorámica de Brujas y sus alrededores. En el Markt (Plaza Mayor) también se encuentra el Historium, una atracción fantástica que le llevará a la Brujas medieval. Enmarcado por coloridas casas, la Plaza Mayor es además el punto de partida fijo de los coches de caballos. *(Siga leyendo en las pág. 62 y 72.)*

Riqueza medieval en la plaza Burg

La plaza Burg, el corazón latente de la ciudad. El ayuntamiento del siglo XIV, uno de los más antiguos de los Países Bajos, lleva 600 años gobernando Brujas. En esta plaza de majestuosa arquitectura encontrará también el Franconato de Brujas, la antigua Escribanía civil y la Basílica de la Santa Sangre. En ningún otro lugar se expresa mejor la riqueza de Brujas.
(Siga leyendo en las pág. 61, 65-66 y 82-83.)

Pasear por el antiguo barrio de la Liga Hanseática

Desde el siglo XIII hasta el XV Brujas fue punto de encuentro comercial de la Europa septentrional occidental. Los comerciantes españoles se afincaron en el Spaanse Loskaai y en la calle Spanjaardstraat, los orientales o alemanes en la plaza Oosterlingenplein. En este antiguo barrio Hanseático, le asombrarán las casas de los mercaderes y naciones comerciales del mundo. Aquí podrá sentir el aroma del pasado.

Los primitivos flamencos: belleza atemporal

Durante el Siglo de Oro de Brujas, el siglo XV, reinaban las Bellas Artes. Fue entonces cuando se asentaron en Brujas figuras tan renombradas como Jan van Eyck y Hans Memling. Hoy en día todavía puede admirar las creaciones de los destacados primitivos flamencos en el Museo Groeninge y en el Hospital de San Juan. Pero también entre los tesoros de la parroquia más antigua de Brujas, la Catedral de San Salvador, verá de cerca los cuadros que se crearon hace siglos en esta ciudad.
(Siga leyendo en las pág. 70-71, 80-82 y 89.)

Pompa y boato borgoñón

Descubra la pompa y boato de la corte borgoñona en el Museo Gruuthuse. En el lujoso palacete del siglo XV descubrirá 500 años de historia de Brujas de la mano de una rica y variada colección. Llama la atención una íntima capilla privada que conecta el palacio con la Iglesia de Nuestra Señora. De esa forma, los señores de Gruuthuse podían asistir a misa sin que los molestaran. Lo más destacado es la bellísima escultura de mármol blanco, la *Madonna de Brujas* de Miguel Ángel, que consigue conmover a todos los visitantes.
(Siga leyendo en las pág. 71 y 75.)

Un remanso de paz en el Beaterio

Algunos sitios son tan hermosos que le dejan sin palabras. El Beaterio es uno de ellos. Antiguamente vivían aquí beguinas en régimen de comuna, mujeres emancipadas y también laicas, pero que llevaban una vida piadosa y célibe. Este oasis amurallado de paz religiosa consigue encantar incluso al mayor cínico gracias a un impresionante jardín interior, árboles frondosos, fachadas blancas y un silencio ensordecedor. Y eso durante todo el año.
(Siga leyendo en las pág. 61-62.)

Minnewater, Lago del amor, triunfo romántico

Este pequeño lago rectangular era el antiguo amarradero de embarcaciones que realizaban la ruta entre Brujas y Gante. En la actualidad es, junto al parque Minnewater, un oasis de paz y el lugar romántico por excelencia. Desde el puente de Minnewater tiene una vista mágica de uno de los lugares más idílicos de Brujas.

La Sala de conciertos o Cultura con C mayúscula

El esbelto templo de la cultura en la plaza 't Zand, la plaza más grande de la ciudad, le da un toque dinámico a esta plaza. En el auditorio de diseño elegante, podrá disfrutar de música clásica y danza contemporánea en un entorno inmejorable. De día puede descubrir este increíble edificio gracias al Circuito de la Sala de conciertos, una ruta original que termina con una vista espectacular de Brujas desde la azotea.
(Siga leyendo en la pág. 66-67, 87 y 94.)

Casas de caridad, humanidad en piedra

Pueblecitos urbanos. Así es cómo se podrían describir estos barrios residenciales de origen medieval, que todavía usan personas mayores. Hace siglos se construyeron las primeras casas de caridad como un acto de humanidad. Hoy en día son un remanso de paz en la ciudad con sus pintorescos jardines, fachadas blancas y delicioso silencio.
(Siga leyendo en la pág. 16.)

Paseo 1
Brujas, ciudad patrimonio de la humanidad

Vistas desde la azotea del Sala de conciertos

Brujas puede estar orgullosa, y con razón, de haber sido declarada patrimonio de la humanidad, ¡la ciudad da la bienvenida al futuro! Esta ruta le lleva a través de vistas e imágenes mundialmente conocidas, monumentos impresionantes y plazas centenarias rejuvenecidas con edificios contemporáneos. Con un pie en la Edad Media y el otro sólidamente en el presente. Algo que no se puede perder quien visite Brujas por primera vez y quiera descubrir directamente el corazón de la ciudad. ¡Prepare su cámara de fotos!

Desde 't Zand a la Simon Stevinplein

Esta ruta empieza en la 🛈 oficina de información 't Zand (Sala de conciertos).
La plaza 't Zand, la más grande de Brujas, está dominada por un edificio contemporáneo controvertido: la Sala de conciertos ❶⓱. Este es un claro mensaje de que Brujas, ciudad patrimonio de la humanidad, no está cerrada al futuro. La Sala de conciertos es algo más que un hermoso templo de la música, porque gracias a la ruta sensorial «Concertgebouw Circuit», ❶⓱ podrá echar un vistazo entre bastidores. Conocerá la famosa acústica, instalaciones especiales de sonido y explorará la arquitectura del edificio. Por el camino se encontrará con sorprendente obras de arte y finalmente podrá disfrutar de una hermosa vista del *skyline* de Brujas. Visite también la 🛈 oficina de información 't Zand (Sala de conciertos) en la planta baja, donde no solo recibirá información turística, sino que también le ofrecerán explicaciones sobre todos los eventos culturales de la ciudad y donde puede comprar sus entradas.

En las pág. 118-119 leerá en una entrevista con Ayako Ito más información sobre la Sala de conciertos.

Atravesando la plaza, deje 🛈 't Zand (Sala de conciertos) atrás y tome la primera calle a la derecha, la Zuidzandstraat. Tras unos 300 metros encontrará a su derecha la Catedral de San Salvador ㉓.
La Catedral de San Salvador, la iglesia parroquial más antigua de la ciudad, fue construida a un nivel inferior que la actual calle de Steenstraat, levantada sobre una cresta de arena. Este dique de arena le da el nombre, por el neerlandés, al 't Zand. En el medievo la basura doméstica se tiraba afuera y se aplastaba por los carros que pasaban. Por eso fue subiendo el nivel de la calle. Si entra a la catedral por la torre, puede vislumbrar el tejado de madera desde la planta baja y así admirar el interior de la torre. Aquí encontrará una

Simon Stevinplein

serie de panteones bien conservados y pintados del siglo XIV, muy típicos de Brujas y el condado de Flandes. En la cámara de los tesoros podrá admirar, entre otras cosas, la pintura más antigua de Brujas (de alrededor del 1400), pero también la obra de pintores de la escuela de los primitivos flamencos, como Dirk Bouts, Hugo van der Goes y Pieter Pourbus, placas funerarias de cobre y muestras de orfebrería.

Gire a la derecha de la catedral en la calle Sint-Salvatorskerkhof. Rodee la catedral y tome la cuarta calle a la derecha, la Sint-Salvatorskoorstraat. Así llegará a la Simon Stevinplein.
En esta encantadora plaza, con sus ordenadas y soleadas terrazas en verano, se erige la estatua Simon Stevin, nacido en Brujas. Este científico flamenco-holandés se mudó en la segunda mitad del siglo XVI a lo que hoy en día es los Países Bajos, seguramente porque, como protestante, pudo refugiarse y sentirse más seguro. Stevin era un gran científico y se creó fama porque inventó muchas palabras neerlandesas – como la palabra para «matemáticas» – para términos científicos que hasta entonces no contaban con una traducción en neerlandés.
Seguramente habrá una exposición sobre cómo las ideas de Simon Stevin siguen influyendo nuestra vida cotidiana. En la pág. 92 podrá leer más al respecto.

La Plaza Mayor (Markt) y la plaza Burg

Deje la Simon Stevinplein a la izquierda y prosiga su camino por la calle Oude Burg. Poco antes de llegar al final de la calle, a la izquierda, se encuentra la lonja **09**, que forma parte del Campanario **05**. Entre las 8:00h y las 18:00h (los sábados partir de las 9:00h) puede acceder a ella y atravesar el impresionante patio interior para acabar en el Markt, la Plaza Mayor. En caso de que la puerta esté cerrada, retroceda unos metros y recorra la calle paralela, la Hallestraat.

BRUJAS, CIUDAD PATRIMONIO DE LA HUMANIDAD

¡LA PLAZA BURG, UN TRATADO DE ARQUITECTURA!

Los estetas han señalado que, sin duda alguna, esta plaza es un fino ejemplo de todos los estilos arquitectónicos a través del tiempo. Un hábil compendio arquitectónico resumido en una plaza. Del románico (la capilla de San Basilio) y el gótico (el ayuntamiento), al Renacimiento (la antigua Escribanía civil), el barroco (el Prebostazgo) y el clasicismo (la casa señorial del Franconato de Brujas). Todo ello sin tener que recorrer kilómetros.

Basílica de la Santa Sangre

En la explicación del Paseo 2, en las pág. 26-27, se da información más detallada sobre el Markt.

Desde el Campanario 05 diríjase hacia la calle peatonal que emerge desde la esquina izquierda: la Breidelstraat. Continúe andando hasta que llegue a la plaza Burg.

Durante este trayecto perciba el pequeño callejón que aparece a su derecha, llamado De Garre. Aunque probablemente sea la calle más estrecha de la ciudad – es casi imposible andar dos personas una al lado de la otra – aquí hallará cafés y bares encantadores. Una vez que haya llegado a la plaza Burg, tómese su tiempo para contemplar con detalle una de las más majestuosas plazas de la ciudad. El edificio más importante de este histórico lugar es el ayuntamiento 08 42 (1376-1421), uno de los ayuntamientos más antiguos de los Países Bajos y ejemplo de majestuosidad gótica que sirvió de muestra para muchos otros: desde Lovaina hasta Oudenaarde o Bruselas. El uso de las imágenes en la fachada, montadas en hue-

De Garre

cos, para enfatizar la verticalidad, causaban una gran admiración, una novedad que Brujas adoptó con gusto. Además, las imágenes eran originalmente policromadas. Si ya ha admirado con detalle el exterior, entre en el edificio para disfrutar de la ricamente decorada Sala Gótica con sus impresionantes pinjantes. Los novios siguen dándose el sí en esta sala y la junta municipal también se reúne aquí. A la derecha de este gótico monumento se levanta la Basílica de la Santa Sangre 01, originalmente dedicada a Nuestra Señora y al Santo Basilio, y diseñada como una iglesia fortificada, cuenta con dos niveles y fue construida entre 1139 y 1157. La capilla de abajo ha conservado su carácter románico. En cambio, la capilla superior, originalmente diseñada como una simple tribuna, ha sido desarrollada a lo largo de los siglos hasta convertirse en una verdadera capilla. Aunque no fue hasta el siglo XIX que adquirió su decoración de estilo neogótico, guarda desde el siglo XIII la reliquia de la Santa Sangre. En Nuestro Señor de la Ascensión se lleva la reliquia anualmente, y esto desde al menos 1304, en la procesión de la Santa Sangre, una festividad popular que conmueve a toda la ciudad y es reconocida en 2009 por la UNESCO como patrimonio cultural inmaterial de la humanidad. En el otro lado de la plaza Burg se erige la antigua Escribanía civil 03 (1534-1537, ahora convertida en el Archivo de la ciudad 07), con su resplandeciente fachada de estilo renacentista. Justo al lado tiene el Franconato de Brujas 13.

No deje de ver su fastuosa chimenea de madera de roble (1529) y grabados en alabastro. Desde la antigua casa señorial colindante del Franconato de Brujas (cuya parte delantera se remonta a 1722) se gobernaban las tierras alrededor de Brujas, después de 1795 funcionaba como Palacio de Justi-

cia y desde 1988 alberga diversos servicios municipales. Justo enfrente del ayuntamiento, se emplazaba antiguamente la impresionante Catedral de San Donaciano (donde estaba enterrado Jan van Eyck, entre otros), destruida durante la ocupación francesa en 1799. Aún puede contemplarse el Prebostazgo 18 (1655-1666), donde el preboste (líder religioso) de la catedral tenía su sede. También, todos aquellos interesados, pueden visitar gratis los cimientos del coro de la catedral en los sótanos del hotel Crown Plaza.

Historias con aromas

Diríjase hacia la pequeña callejuela que sale a la izquierda del Ayuntamiento, la Blinde-Ezelstraat o la Calle del Asno Ciego. No olvide levantar la mirada atrás para contemplar la ingeniosa solución abovedada que fue construida entre el ayuntamiento y la antigua Escribanía civil 03 07. Al lado izquierdo de Salomón, puede ver la imagen de la Prosperidad, y al derecho, la de la Paz.

La leyenda cuenta que el nombre de la Calle del Asno Ciego se debe a... una posada del mismo nombre, «El Asno Ciego». En su tiempo se usaban burros en las cervecerías, que ofrecían cerveza a los albergues, para impulsar los molinos. Para proteger a los animales de la triste realidad de que lo único que hacían era dar vueltas, se les tapaba los ojos con un trapo. Desde el puente, unos pasos más allá, podrá entrever el Meebrug (1390), uno de los puentes más antiguos de la ciudad.

Una vez cruzado el puente llega al Vismarkt 23, el Mercado de Pescado.
Al principio se vendía pescado en la esquina de la Plaza Mayor (Markt) a la altura del Historium 26, pero debido al fuerte olor los pescaderos fueron trasladados a este lugar en el siglo XVIII. En esta especial construcción de columnatas (1821) se vendía el pescado de mar, un valioso producto refinado que solo los ricos se podían permitir. Hoy en día, aún se puede adquirir delicioso pescado fresco todas las maña-

Huidenvettersplein

23

nas de miércoles a sábado. En verano, el Mercado de Pescado hace las veces de lugar de encuentro con baile, música, comida y bebida.

Dé la vuelta y retroceda hasta el puente, tome la izquierda hasta la Huidenvettersplein.
Mientras el Mercado de Pescado servía las mesas de los ricos, los pobres encontraban pescado de agua dulce en la Huidenvettersplein. La columna que se levanta en medio de la plaza tenía una hermana gemela, y entre las dos se colgaba la balanza donde pesar la mercancía. El gran y llamativo edificio que gobierna esta pequeña plaza fue el centro de reunión de los curtidores; aquí es donde se vendían las pieles de diferentes animales en cuero. A pesar de los requerimientos de la junta municipal para que se fueran – el curtido era una profesión con cierto «aroma» – los curtidores trabajaban cerca de la plaza. Con razón la estatua en la esquina del edificio arruga la nariz...

Desde ahí llega directamente al Rozenhoedkaai, el Muelle del Rosario. Continúe por la derecha.
¡El Rozenhoedkaai es el lugar más fotografiado de Brujas! Así que es el momento perfecto para sacar la cámara fotográfica. Este era el lugar de carga y descarga de los comerciantes de sal. La sal era el oro de la Edad Media: servía para conservar la comida y darle sabor a los platos. Palabras como salario, *salaire* y *salary* indican el valor del producto. Todas vienen del vocablo latino *sal*; a los soldados romanos se les pagaba en sal.

Dijver

Desde el Museo Groeninge hasta el Puente de Bonifacio

Siga caminando por el Dijver.
Tanto la calle como el agua llevan el nombre Dijver, que significa «agua sagrada» en celta. Quizás Dijver sea el topónimo más antiguo de la ciudad. Aquí se encontraba antiguamente un bosque de robles, considerados como sagrados según los celtas. Hoy en día podrá descubrir a lo largo de este hermoso paseo, el Europacollege (números 9-11) **02**, Colegio de Europa, un centro de estudios posuniversitarios especializado en Europa, y el museo más conocido de la ciudad, el Museo Groeninge (número 12) **24**. Disfrute en este museo de los primitivos flamencos, maestros de la pintura de fama mundial, como Jan van Eyck, Hugo van der Goes y Gerard David. Además, el museo ofrece una valiosa colección de expresionistas flamencos, trabajos neoclásicos de los siglos XVIII y XIX y arte moderno de después de la Guerra Mundial.

En resumen, un completo conjunto del arte pictórico belga y holandés desde el siglo XV hasta el siglo XX. Encontrará la entrada tras cruzar un encantador jardín.
En las pág. 112-113 leerá una entrevista con el curador del Museo Groeninger, Till-Holger Borchert. En 2020 tendrán lugar diversas exposiciones sobre los primitivos flamencos. En la pág. 89 leerá más al respecto.

Siga caminando por el Dijver. Al atravesar el puente, encontrará a su izquierda el Museo Gruuthuse 25.
Puede leer más sobre el Museo Gruuthuse en el Paseo 2 (en las págs. 24-25).

Siga andando hasta la plaza Guido Gezelleplein, gire a la izquierda justo antes de la Iglesia de Nuestra Señora 15 34 y siga el camino estrecho a lo largo del museo pabellón contemporáneo hasta el encantador puentecito de Bonifacio.

CASAS DE CARIDAD, EL CAMINO MÁS RÁPIDO HACIA EL CIELO

Estas pequeñas zonas residenciales fueron construidas desde el siglo XIV gracias a la caridad. Ya sea por artesanos que querían darles un techo a sus miembros más ancianos, o viudas y buenos ciudadanos que para mostrar caridad cristiana quisieran ganarse un lugar en

el cielo. Para asegurarse un sitio, cada zona residencial tenía su capilla en la que los habitantes hacían sus oraciones de agradecimiento, tal y como prescribían las normas internas. Hoy en día, todas las casas de caridad están restauradas y modernizadas y en algunas aún viven personas de la tercera edad. Con sus pintorescos jardines y fachadas blancas, son lugares por excelencia para encontrar la calma. Además, son de entrada libre para todo aquel que sepa respetar el silencio.
(En el plano de la ciudad, todas las casas de caridad están marcadas con 🏠.)

Hof Arents con *Los Jinetes del Apocalipsis*

Las cruces con las que se encontrará no son tumbas, sino adornos de las torres de las iglesias. Durante la Primera Guerra Mundial, estas puntas de las torres fueron quitadas para desorientar a los exploradores del bando enemigo, y no se volvieron a colocar. Desde el Puente de Bonifacio puede buscar una de las ventanas góticas más pequeñas de la ciudad. A través de la pequeña rendija las damas y los señores de Gruuthuse podían curiosear el embarcadero. Una vez cruzado el puente, llegará al apacible jardín Hof Arents de la Arentshuis **03** (siglo XVI-siglo XIX), la elegante Casa «Arents», pintada de blanco. En la última planta del edificio se muestra la obra del polifacético artista inglés Frank Brangwyn, mientras que la planta baja acoge exposiciones temporales. En el jardín destacan, sobre todo, dos restos de columnas del Waterhalle, el almacén central para la navegación que antiguamente estaba en el Mercado, y un grupo escultórico de Rik Poot (1924-2006) que muestra a *Los Jinetes del Apocalipsis*, un conjunto de revolución, guerra, hambre y muer-

Puente de Bonifacio

Minnewater

te. El tema religioso del grupo escultórico de Rik Poots podía encantar al pintor Hans Memling, porque en el cercano Hospital de San Juan 38 encontrará su *Tríptico de San Juan* en el que también podrá admirar a los jinetes. A través de la verja del jardín puede cruzar hasta el Museo Groeninge 24 para ver más obras de Memling y sus contemporáneos.

¡De camino al Beaterio!

Vuelva a dejar el jardín del Museo Groeninge por la pequeña puerta y continúe hacia la izquierda por la calle Groeninge. En el cruce con el Nieuwe Gentweg vaya a la derecha. Entre un momento en las casas de caridad 🏠 de San José y De Meulenaere (ambas del siglo XVII). Continúe su paseo hasta el final de la calle.

En la esquina izquierda del Oude Gentweg y la Katelijnestraat encontrará el Museo del diamante 18, el museo más lustroso de la ciudad y el rincón preferido para aquel que le guste el brillo. ¡Cómo iba a faltar un inspirador museo del diamante en la ciudad más romántica de Europa Occidental!

Continúe su paseo por la Katelijnestraat y coja la primera calle a la derecha, la Wijngaardstraat. Cruce la plaza Wijngaardplein, parada de los coches de caballo, y prosiga hasta llegar a la casa de la esclusa. A su derecha cruce el puente para entrar en el Beaterio. Desde ese mismo puente podrá divisar el Lago del Amor, Minnewater.

El Minnewater fue en tiempos pasados el embarcadero de los navíos que aseguraban el transporte entre Brujas y Gante. Hoy es el lugar romántico por excelencia. Del mismo orden, pero con otro significado, es el Beaterio. El «Principesco Beaterio Ten Wijngaarde» 02 02 data de 1245, y hoy no lo habitan las beguinas (mujeres célibes que formaron una comunidad religiosa libre) sino algunas hermanas de la orden de San Benedicto y señoras solteras de Brujas. Aún puede hacerse una idea de cómo era una jornada diaria en el siglo XVII entre sus muros visitando una de las casas de beguina ④. El impresionante jardín, las blancas fachadas de las casas y el silencio crean un ambiente aparte. ¡Atención, las puertas de entrada cierran todos los días a las 18:30 horas!

Después de su paseo por el Beaterio salga por la puerta principal. Inmediatamente después del puente, continúe a la izquierda y de nuevo coja la primera calle a la izquierda hasta llegar a la Walplein.
A su izquierda, en el número 26 de la plaza, se levanta desde 1564 la fábrica de cerveza De Halve Maan ⑩, la más antigua y todavía activa de la ciudad. Aquí se produce la *Brugse Zot* (el Loco de Brujas), una cerveza de sabor característico y largo proceso de fermentación a base de malta, lúpulo y levadura. La marca ha tomado prestado el sobrenombre de los brujenses, los «locos de Brujas», como bautizó Maximiliano de Austria a los habitantes de esta ciudad. A su llegada a Brujas, estos organizaron un efusivo y desbordante cortejo con extravagantes desfiles. Cuando, un poco más tarde las autoridades le presentaron una petición para financiar un nuevo manicomio, su respuesta fue corta y contundente: «*En esta ciudad solo me he encontrado a locos, Brujas es un gran manicomio, simplemente, cierren las puertas*».

Final del recorrido, el Hospital de San Juan

Siga por la calle de la izquierda, la Zonnekemeers, y una vez que pase el canal, continúe a la derecha para seguir caminando hacia el terreno del antiguo Hospital de San Juan. Pasee por la cochera del siglo XIX, si se encuentra el portón abierto.

Este antiguo hospital **38** (del siglo XII-XIX) que ve a su derecha, puede hablar de ocho siglos de historia. ¡Los documentos más antiguos datan de 1188! Los religiosos cuidaron aquí a los pobres, peregrinos, viajeros y enfermos que muchas veces simplemente llegaban a este lugar para morir. El pintor Hans Memling también fue aquí paciente, como cuenta la leyenda, y honró a sus benefactores con cuatro piezas de arte. En el siglo XIX llegaron otras dos pinturas al hospital, con lo que podrá admirar nada menos que seis obras maestras de Memling. Justo delante del convento del antiguo hospital se encontrará de golpe con *De aderen van het klooster* (Las ve-

CONSEJO

En el centro del Antiguo San Juan, verá las salas de enfermos del siglo XIX del Hospital de San Juan. Entre, porque algunos días podrá incluso asistir a un concierto gratis del músico de harpa Luc Vanlaere de Brujas. Déjese conmover por unas hermosas melodías. Además, las históricas salas de enfermos son también el decorado para exposiciones temporales de Xpo Center Bruges. Este año encontrará aquí de mayo a noviembre la fascinante exhibición *El ejército de terracota del emperador Qin*. *Mire qué otras cosas puede ver durante su estancia en www.harpmuziek.be y www.xpo-center-bruges.be.*

BRUJAS, ORGULLOSA DE SU PATRIMONIO

En 1998, el Beguinaje se reconoció como Patrimonio de la humanidad. Un año después se añadió el Campanario a la lista de Patrimonios de la Humanidad y en 2000 todo el casco histórico. Brujas cuenta con un valioso patrimonio arquitectónico y es además un hermoso ejemplo de ciudad con un estilo homogéneo, conocida, sobre todo, por su famoso gótico de ladrillo. Además, se ha conservado el diseño medieval urbano auténtico que ha crecido de forma orgánica. Y por si fuera poco, Brujas es la «cuna» de los primitivos flamencos. Razones más que suficientes para que la UNESCO decidiera concederle la etiqueta de «ciudad patrimonio de la humanidad», algo que enorgullece a la ciudad y a sus habitantes.

nas del convento), una obra del artista italiano Giuseppe Penone (1947), que simboliza de alguna forma la vida del convento y la antigua función de atención a los enfermos del entorno. Ejemplo de cómo la historia nutre el presente, esta pieza transmite un mensaje consonante con una ciudad patrimonio de la humanidad como Brujas.

Gire la esquina a la izquierda y diríjase directamente a la derecha.
En la placita descubrirá un jardín de hierbas medicinales y la entrada a la farmacia del siglo XVII. En el jardín de hierbas medicinales verá las plantas más usadas en un recetario del siglo XVIII, que se puede ver en la farmacia del hospital. Vuelva sobre sus pasos, gire a la izquierda y camine por el pasaje. En la esquina derecha encontrará la entrada a la impresionante sala del hospital medieval, la iglesia y la capilla y el llamado Ático de Diksmuide.

¿PREFIERE DAR UNA VUELTA CON UN GUÍA?

Eche un vistazo en www.visitbruges.be/ticketshop. Aquí encontrará no solo una amplia oferta de paseos temáticos y urbanos guiados, sino también visitas guiadas por museos, que podrá reservar inmediatamente en línea.

Así puede reservar «Brujas mi corazón», un paseo que se cierra con una vista panorámica desde la terraza de la azotea de la Sala de conciertos.

Paseo 2
Brujas: con B de Borgoñón

Vista de la Iglesia de Nuestra Señora y el Museo Gruuthuse

En el siglo XIV, Felipe el Atrevido, Duque de Borgoña, contrajo matrimonio con Margarita de Flandes, hija del último conde de Flandes, lo que supuso la incorporación de la región al reinado borgoñón. El séquito residía con regularidad en la ciudad portuaria y Brujas empezó a atraer familias nobiliarias, comerciantes y artistas que buscaban beneficiarse de la riqueza que acompañaba a la corte. Hoy en día, aún se palpa la herencia borgoñona en la ciudad. Descubra una ciudad norteña con carácter del sur.

Desde la Guido Gezelleplein hasta el Markt

Acomódese en uno de los bancos de esta plaza, llamada Guido Gezelleplein en honor al sacerdote y poeta flamenco (1830-1899), y disfrute de la vista que le ofrece: la estatua del poeta y la fachada lateral de la Iglesia de Nuestra Señora 15 34. La torre de la iglesia, construida en ladrillo con sus 115,5 metros, ilustra la destreza de los artesanos brujenses. ¡Se tardó casi doscientos años en terminar la torre! Dentro podrá admirar la rica colección de arte, desde la famosa *Madonna de Brujas* de Miguel Ángel hasta los mausoleos de María de Borgoña y Carlos el Temerario de los siglos XV y XVI. A la izquierda del edificio le llamará la atención la residencia de los Señores de Gruuthuse, hoy en día el Museo Gruuthuse 25, que expone quinientos años de la historia de Brujas. Con el pabellón-museo, construido en 2019, se tiende un puente entre lo viejo y lo nuevo y el patio interior recobra al mismo tiempo su carácter íntimo y privado. El pozo en el patio interior y la torre con escalinata son símbolos de estatus que muestran la abundancia de la familia Gruuthuse, riqueza que acumularon gracias a su derecho exclusivo del «gruut», una mezcla de hierbas aromáticas que mucho antes que el lúpulo se utilizaba para aromatizar la cerveza. Louis de Gruuthuse, además de conducir a las tropas de duque Carlos el Temerario y ser guardaespaldas personal de su hija María

¿SABE UNA COSA?

Las torres de la Iglesia de Nuestra Señora y de la Catedral de San Salvador son el lugar favorito para hacer el nido de una pareja de halcones peregrinos. La presencia de estas rápidas aves rapaces es muy apreciada porque son ideales en la lucha contra las molestias causadas por... las palomas.

25

de Borgoña, también fue gran amante de la cultura y dueño del «Manuscrito Gruuthuse» que hacía honor a su nombre, un famoso manuscrito medieval que recopila, entre otros, 147 canciones. El lema familiar *«Plus est en vous»* cuelga con orgullo sobre la puerta de la residencia. A día de hoy lo traduciríamos como «Siempre puedes hacer más (de lo que piensas)».

Siga por el pequeño camino que se encuentra a la izquierda de la iglesia.
Una vez que haya dado la vuelta a la esquina, dirija su vista a lo alto y verá la capilla del Museo Gruuthuse, que está conectada con la Iglesia de Nuestra Señora. Una vez haya visitado el museo, puede entrar en esta capilla privada del siglo XV y hacerse pasar por un señor o dama de Gruuthuse. No se mezclaban con el pueblo, sino que asistían a misa desde su capilla privada.

Vuelva sobre sus pasos, pase por el museo-pabellón y entre en el patio Gruuthuse. Cuando cruce la plaza pasará por el pozo, que nombramos anteriormente. Salga del patio interior por la puerta y continúe hacia la derecha por el Dijver.
En el número 12 de esta calle se encuentra el Museo Groeninge 24, el museo más conocido de Brujas. *En las pág. 112-113 puede leer la entrevista con el Conservador del museo, Till-Holger Borchert.* Un poco más allá en el Dijver, en los números 9 hasta 11, está uno de los edificios del Colegio de Europa 02, el primer centro internacional postuniversitario que se centra en Europa y se fundó después de la Segunda Guerra Mundial.

Continúe el camino y tuerza en la primera calle a la izquierda, la Wollestraat.
En la esquina derecha de la Wollestraat, no podrá dejar de ver la solemne casa de Pérez de Malvenda 13. Esta casa señorial original del siglo XIII se restauró desde el sótano hasta la

LA HORA EXACTA

En la plaza del Markt, sobre la casa de estilo gótico tardío que hace esquina y hoy la cafetería Meridian 3, reluce una esfera recubierta de pan de oro. La inauguración de la línea de tren Bruselas-Gante-Brujas puso de manifiesto que los relojes de Bélgica no estaban sincronizados. Un desarreglo que solucionó el profesor Quetelet colocando en diferentes ciudades un meridiano y un reloj de sol que marcara claramente las 12 del mediodía. En Brujas se hizo en 1837. El «meridiano» es visible gracias a remaches de cobre. Cuando cae la sombra de la esfera dorada sobre la línea es el medio día: exactamente las 12.00h de la hora solar.

Markt

> **CONSEJO**
>
> La impresionante casa señorial en la esquina de Wollestraat fue residencia temporal durante el siglo XVI de Juan Perez de Malvenda, un magistrado de Brujas de origen español. Durante la tormenta iconoclasta, guardó la reliquia de la Santa Sangre. En una terraza resguardada, podrá disfrutar de unas vistas espectaculares del Muelle del Rosario.

punta del tejado y alberga una tienda de alimentación. A la altura del Museo de la tortura 20 se encontraba anteriormente la casa municipal de lanas, donde se almacenaba la lana importada de Inglaterra. La lana inglesa era de mejor calidad y se usaba para la producción de mantas flamencas (y ropa de lana). Gracias al comercio de sábanas, Brujas llegó a convertirse en una ciudad comercial internacional. Justo antes de llegar a la Plaza Mayor está la lonja 09 con el Campanario 05, que servía de almacén y lugar de venta. En el lado de la calle había hasta mucho después del periodo borgoñés un montón de puestos donde se podían comprar especias, polvos medicinales y mezclas de hierbas. Gracias a su fama comercial internacional, Brujas reunía y comerciaba con especias de todos los rincones de Europa.

El Markt, el corazón vibrante de Brujas

A través de la Wollestraat llega al Markt.

La Plaza Mayor (Markt) está dominada por el Campanario 05, un edificio majestuoso que es, desde hace siglos, torre de vigilancia ideal en caso de guerras, fuegos o cualquier otra calamidad. Aún

CONSEJO

Haga una parada en la cámara del Tesoro mientras sube a la torre del Campanario. Bajo su bóveda medieval se conservan el escudo y el tesoro de la ciudad. Puede hacer una segunda pausa en la «Planta de Piedra»: encontrará una buena explicación sobre el reloj, el tambor y el carillón con sus 47 repiqueantes campanas, 27 toneladas de bronce. Con un poco de suerte, verá arriba, a un par de escalones de las campanas, al carillonero tocando el teclado con sus puños.
Todas las semanas hay conciertos de carillón. Lea más al respecto en la pág. 91.

se puede subir a lo más alto de la torre, aunque para ello tenga que escalar sus 366 peldaños. Por suerte tendrá ocasión de descansar un par de veces durante el ascenso. Una vez arriba, se verá recompensado con una vista panorámica inolvidable. En mitad de la plaza se levanta la estatua de Jan Breydel y Pieter de Coninck, dos héroes populares de Brujas que desde la publicación en el siglo XIX de la novela histórica *El león de Flandes* gozan de fama entre el gran público por su papel durante la resistencia flamenca contra la dominación francesa en 1302. Desde este lugar tiene una vista magnífica del Corte Provincial (Markt 3) **19**, un edificio neogótico. A este lado de la plaza del Markt se alzaba hasta finales del siglo XVIII, el Waterhalle, un almacén cubierto donde se cargaba y descargaba con gran esfuerzo humano la mercancía. El agua pasaba por el Markt; hoy en día fluye canalizada bajo el suelo. ¿Tiene ganas de descansar? Dese un homenaje con un paseo de caballos *(vea la pág. 53)*, un paseo en bici-carro *(vea la pág. 56)* o un tour con City Tour *(vea la pág. 54)*. Una vez terminado siempre puede continuar con este paseo.

Del Markt a la Jan van Eyckplein

Deje el Markt a su izquierda y continúe por la Vlamingstraat.

Desde el siglo XIII, la Vlamingstraat fue la mayor calle comercial del barrio portuario. Muchos bancos tuvieron aquí una sucursal y la calle albergaba gran cantidad de tabernas. Cada uno de los edificios contaba con un gran sótano donde se almacenaban los barriles de vino recién desembarcados y procedentes de Francia o la región del Rin. Puede visitar la Taverne Curiosa (Vlamingstraat 22) con su sótano medieval, incluso con arcadas originales, y aún puede sentirse el ambiente de la época. Más o menos a mitad de camino de la Vlamingstraat le llamará la atención a su izquierda el elegante Teatro Municipal de Brujas **43** (1869), uno de los teatros mejor conser-

CISNES EN LOS CANALES

Tras la muerte de la querida María de Borgoña (1482) Brujas vivió momentos de agitación. Su sucesor, Maximiliano de Austria, intentó cargar a la ciudad con un nuevo impuesto, y sus ciudadanos pronto se levantaron en protesta. Maximiliano fue encerrado en la casa Craenenburg (Markt 16) y a través de las rejas de su ventana fue testigo de cómo su regente, valido y leal consejero Pieter Lanchals (o «cuello largo»), fue torturado y decapitado en la misma plaza. La más antigua leyenda asegura que, al volver al poder, el Duque de Austria obligó a los ciudadanos a mantener eternamente cisnes surcando los canales a modo de venganza. Pero la verdad es que en Brujas por cierto ya había cisnes desde principios del siglo XV, entonces era un derecho burgués y un símbolo de estatus.

vados de Europa. Detrás de la fachada neorrenacentista disfrute en su interior de una sala majestuosa y una entrada con lujo palaciego. El personaje operístico Papageno vigila la entrada, y la partitura de Mozart correspondiente está al otro lado de la plaza

Siga caminando todo recto y tuerza a la derecha justo antes de llegar al agua y coja la calle Kortewinkel.
Casi escondida al gran público, aquí podrá admirar una fachada única: construida en el siglo XVI y completamente de madera, es uno de los dos

Vlamingstraat

ejemplares que aún se conservan en la ciudad (más adelante encontraremos el otro edificio).

La calle Kortewinkel llega hasta el Spaanse Loskaai, el Muelle de los Españoles, puerto de los comerciantes españoles hasta finales del siglo XVI.
El puente pintoresco que deja a la izquierda se llama el Augustijnenbrug, el Puente de los Agustinos. Con sus más de setecientos años es uno de los más antiguos de la ciudad. Sus piedras de sillar sirvieron originalmente como escaparates para el género y mercancías que los vendedores aquí mostraban. Desde el puente puede admirar la hermosa vista que forma la esquina de la Spanjaardstraat, la Calle de los Españoles, con la calle Kortewinkel, y en su esquina derecha con la llamada «Huis de Noodt Gods» (la Casa de Dios) y hoy, según los brujenses, una casa encantada. Se dice que hubo una vez un cura enamorado de una de las monjas y ante el rechazo de

> **CONSEJO**
> No deje de dar un agradable paseo por la calle Genthof, punto de encuentro artístico. Se va a sorprender con un tradicional soplador de vidrio, una tienda de piezas de decoración vintage y modernas galerías de arte. Y en la esquina con Langerei, 't Terrastje, probablemente la terraza más pequeña de la ciudad.

ella, la asesinó para después suicidarse. Después se quedaron durante años embrujando la mansión en ruinas...

Prosiga su paseo por el Spaanse Loskaai, tome la primera calle a la derecha y llegará a la Oosterlingenplein.
Durante el Siglo de Oro de Brujas, esta plaza fue el rincón preferido de los comerciantes alemanes (los «oosterlingen») que tenían negocios en la ciudad. Su impresionante consulado abarcaba toda la esquina izquierda de la plaza. Lo que queda de este hoy en día, el edificio a la derecha del hotel Bryghia, nos da una idea de la grandiosidad de antaño.

Atravesando la Oosterlingenplein llega al Woensdagmarkt donde llama la atención la estatua del pintor Hans Memling. Deje la plaza a la derecha y continúe por la calle Genthof.
Aquí encontrará la segunda fachada en madera original del medievo. Advierta cómo cada una de las plantas sobresale algo más que la anterior, una técnica de construcción que pretendía disminuir problemas de humedad (al mismo tiempo que proporcionaba superficie adicional) y que posteriormente fue imitada.

Genthof

El Manhattan borgoñón

Siga caminando hasta llegar a la Jan van Eyckplein.

Esta plaza fue el Manhattan del período borgoñón, el lugar por donde pasaba todo. Aquí se cargaban y descargaban las mercancías, se pesaban y se pagaban los impuestos. Una frenética actividad con una banda sonora compuesta de diferentes idiomas, unos más ruidosos que otros. Eso sí, en cada una de las transacciones comerciales había un toque brujense: un agente de Brujas debía estar siempre implicado en la operación comercial y este, por supuesto, se llevaba su buen porcentaje. En la esquina de la plaza, en el número 8, maravilla el edificio del siglo XVI, Huis De Rode Steen, la Casa de Piedra Roja, la primera casa de Brujas que fue restaurada en 1877 con el subsidio de la ciudad. En el número 1-2 de la calle puede ver la antigua Aduana, que originalmente, durante el siglo XIII fue residencia de un comerciante y partir del siglo XV se usó para cobrar los impuestos de aduanas por las mercancías y productos de origen interregional o internacional. En el lateral izquierdo de este monumental edificio, se encuentra la Rijkepijndershuisje, la casita más estrecha de Brujas. Aquí se reunían los *rijkepijnders*, personas que vigilaban los trabajadores del muelle que se contrataban para cargar y descargar los fardos y barriles. Si mira con atención podrá ver un par de estos *pijnders* en la fachada.

Deje la plaza atrás y continúe todo recto hacia la Academiestraat.

En la esquina entre la Academiestraat y la Jan van Eyckplein se levanta otro notable edificio fácil de identificar gracias a su llamativa torre. Esta es la Poortersloge (Lonja de los Burgueses), un edificio que data del siglo XV y donde se reunían los burgueses y comerciantes de Brujas y podían comerciar tran-

quilamente. En su fachada destaca el Oso de Brujas, un importante símbolo para la ciudad. Desde 1720 a 1890 la Lonja de los Burgueses servía como Academia Municipal de Bellas Artes. Posteriormente su colección formó la base para el Museo Groeninge 24. En aquella época se guardaban, entre otras cosas, las pinturas de los primitivos flamencos. Así que no es de sorprender que en el siglo XIX se erigiera aquí una estatua del pintor Jan van Eyck. Desde 1912 a 2012 el edificio hacía las veces de Archivo del Estado y ahora la Logia de los Burgueses es un lugar de exposiciones de arte contemporáneo.

El camino sigue hacia la Grauwwerkersstraat y la plaza que esta forma en el cruce con la Academiestraat es conocida desde hace siglos como la Beursplein.

Aquí se llevaban los negocios de alto nivel. Las lonjas genovesa (también denominada Saaihalle 08 y hoy Museo de la patata frita 21), florentina (ahora restaurante De Florentijnen) y veneciana (convertida en el poolbar The Monk) se encontraban juntas en este sector. Ante la casa «Ter Beurse» 11 (1276), el mesón central, se reunían los negociantes para tratar de sus negocios, cambiar monedas... El nombre de la casa está basado en la palabra neerlandesa «beurs», origen del término «Bolsa» en español y también utilizado en muchas otras lenguas.

Continúe por la Grauwwerkersstraat y deténgase un momento.

La fachada lateral de la casa «Ter Beurse» 11, y para ser más exactos, la parte entre las ventanas a nivel del suelo es conocida porque aún se pueden observar los indicadores (las «firmas») de los canteros en los sillares. De esta manera se calculaba cuánto se debía pagar a cada uno de ellos. La casa de al lado, De Kleine Beurse (la

EL OSO DE BRUJAS

Según la leyenda, cuando Balduino Brazo de Hierro, primer Conde de Flandes, visitó Brujas por primera vez en el siglo IX, el primer habitante con el que se encontró fue un oso pardo cubierto de nieve. Tras una violenta lucha consiguió acabar con él y a modo de publicidad para su hazaña, declaró al animal símbolo de la ciudad. Hoy en día «el residente más antiguo de la ciudad» se encuentra en una hornacina de la fachada de la casa Poortersloge y en algunas fiestas populares es adornado con trajes populares. El Oso de Brujas muestra el escudo de armas de la Hermandad del Oso Blanco, una asociación de justa de caballeros que se fundó poco después de que Balduino I hubiera vencido al oso «blanco» y se reunió en la Lonja de los Burgueses.

Pequeña Bolsa), está aún edificada al nivel original del suelo.

Continúe y luego tuerza a la izquierda en la Naaldenstraat, Calle de la Aguja.

Lo primero que verá a su derecha es la elegante torre de la Corte Bladelin **09**. Pieter Bladelin (representado sobre la puerta rezando a María), dueño original del palacio, alquiló primero y después vendió su casa a la familia de banqueros florentinos de Medici que explotaron una sucursal bancaria durante el siglo XV. Hoy la casita es propiedad de las hermanas de Nuestra señora de los siete Dolores. Si la cancela está abierta, entre para mirar el jardín. Los retratos en piedra en los medallones de Lorenzo de´ Medici y su mujer, Clara Orsini, una de las primeras obras de arte renacentistas de Brujas, decoran la fachada del jardín.

Algo más lejos, cuando aviste la siguiente torre, diríjase a la derecha en dirección a la Boterhuis (Casa de la Mantequilla). La calle empedrada le transportará inmediatamente a la Edad Media. Continúe a la derecha y

tuerza un poco antes de la Iglesia de Santiago hacia la calle Moerstraat.
La Iglesia de Santiago 22 era frecuentada en su época por los duques borgoñones y comerciantes extranjeros y aún se puede ver su estela en los increíbles regalos que donaron a esta iglesia. Al lado de la puerta de acceso se encuentra una concha jacobina de bronce. La iglesia era un importante lugar de parada en la *Via Brugensis*, una ruta medieval de peregrinaje de camino a Santiago de Compostela. Los peregrinos llevaban la concha como marca de reconocimiento.

CONSEJO

Detràs de la Boterhuis, en la Sint-Jakobsstraat 36, está el cine Cinema Lumière 15, proveedor de las mejores películas. El hogar de cualquier amante del séptimo arte.

La Prinsenhof, la Corte de los Príncipes

Coja la siguiente calle a la izquierda, la Geerwijnstraat, que le llevará hasta la Muntplein.

Boterhuis

LAS HABLADURÍAS DE LA CORTE

> Felipe el Bueno no conocía a su futura esposa (Isabel de Portugal), y por su seguridad envió a su pintor de corte Jan van Eyck a Portugal con el encargo de hacer un retrato de ella. Y con gran acierto, ya que la historia cuenta que la pareja tuvo un feliz matrimonio.
> Aunque la popular María de Borgoña solamente se hizo una pequeña fractura tras caer accidentalmente con su caballo, moriría algo después en el palacio debido a una perforación en el pulmón, y es que entonces aún no se había descubierto ningún remedio contra las infecciones.
> Durante la restauración del edificio fueron encontradas enterradas 578 monedas de plata acuñadas entre 1755 y 1787, lo que nos indica que las vigorosas hermanas inglesas que entonces habitaban el palacio escondieron su capital bajo tierra previendo el pillaje de las tropas francesas de Napoleón.

La Muntplein, la Plaza de la Moneda formaba parte del dominio de la cercana Prinsenhof, el Corte de los Príncipes **17**. Como su propio nombre indica, aquí se acuñaban las monedas. La estatua llamada *Flandria Nostra* (Nuestro Flandes) representa a una dama cabalgando y es un diseño del escultor belga Jules Lagae (1862-1931).

Al final de la calle tome a la derecha la Geldmuntstraat para desembocar un poco después en la Prinsenhof.
Nuestra ruta acaba en un lugar excepcional: el Corte de los Príncipes **17**, una vez palacio de los duques de Flandes y los condes borgoñones. Este impresionante edificio, que fue originalmente siete veces más grande de lo que

> **CONSEJO**
>
> Si quiere hacerse una idea de este palacio y su magnífico jardín, siga las indicaciones en la Ontvangerstraat hacia el aparcamiento del hotel Dukes' Palace que se encuentra en la Moerstraat 27. Y por supuesto, usted y sus seres queridos se pueden obsequiar con una bebida en el bar del hotel, y disfrutar de la grandeza y del lujo.

hoy se puede ver, fue agrandado en el siglo XV por Felipe el Bueno para celebrar su matrimonio (el tercero) con Isabel de Portugal. En este momento ya había un pequeño zoo. Cuando Carlos el Temerario contrajo nupcias con Margarita de York, el palacio fue ampliado con la mayor sala de baños de Europa y una cancha para jugar al «jeu de paume». Quizás sea esta la residencia favorita de los duques y por esa razón, también era su centro político, económico y cultural. Tanto Felipe el Bueno († 1467) como María de Borgoña († 1482) murieron en este lugar. La muerte de esta última supuso el inicio de la decadencia del palacio que finalmente pasaría a manos privadas hasta que en el siglo XVII una congregación de monjas inglesas lo transformara en una exclusiva escuela de niñas ricas. Hoy en día el edificio de la Prinsenhof está diseñado como un hotel de lujo.

¿PREFIERE DAR UNA VUELTA CON UN GUÍA?

Vaya a www.visitbruges.be/ticketshop. Aquí encontrará no solo una amplia oferta de paseos temáticos y urbanos guiados, sino también visitas guiadas por museos, que podrá reservar inmediatamente en línea.

Por ejemplo, puede reservar rápida y fácilmente una visita guiada en el Museo Gruuthuse, recientemente renovado, donde podrá descubrir la excepcional capilla privada del siglo XV.

Paseo 3
Callejeando por la Brujas tranquila

Molino de Sint-Janshuis

Podríamos denominar los barrios de Santa Ana y San Gil como la Brujas tranquila, pero incluso aquí, lejos de los lugares más populares, hay mucho que ver. ¿Qué pensará si le ofrecemos, por ejemplo, nostálgicos molinos de viento, modestos y sencillos barrios obreros y un par de clubes privados? Finalmente, para ayudarle a disfrutar de la tranquilidad que le rodea, ¡le invitamos a ir al bar más antiguo de Brujas!

Koningsbrug

Desde Choco-Story hasta la Gouden-Handstraat

No hay mejor lugar para iniciar la más larga de las rutas de esta guía que Choco-Story 14. Este museo no solo le sumerge en la sabrosa historia del chocolate y el cacao, sino que también tendrá la oportunidad de degustar este producto e incluso comprarlo. ¡Esperamos que el chocolate le ayude a reponer fuerzas para mantener el paso! En la misma dirección encontrará Lumina Domestica 30, el museo con la mayor colección de lámparas del mundo.

Gire a la izquierda en la Sint-Jansstraat, llegue a la Korte Riddersstraat y continue hasta el final de la calle. Deténgase ante la impresionante Iglesia de Santa Walburga 24. Esta hermosa iglesia barroca (1619-1642) cuenta con un notable altar y banco de comunión, ambos trabajados en mármol.

Siga caminando a través de la Koningstraat hasta que llegue a un puente.

Desde el puente que une los canales Spinolarei y Spiegelrei, a la izquierda tendrá una hermosa vista de la plaza Jan van Eyck *(más información en el Paseo 2, en las pág. 30-31)*. En Spiegelrei 3, también destaca la Oud Huis Amsterdam, una histórica casa señorial que alberga en la actualidad un elegante hotel. Este área de Brujas fue poblada en gran parte por escoceses e ingleses, y estos últimos incluso contaban en el Spinolarei con su propio pasadizo y escalera donde cargar y descargar la mercancía. La escalera aún existe y la calle en la que se encuentra se llama, apropiadamente, Engelsestraat, la Calle inglesa. El gran edificio blanco (Spiegelrei 15), al otro lado del puente, es el antiguo colegio de los jesuitas ingleses.

San Gil, casa de obreros y artistas

Cruce el puente y continúe a la derecha, tras cuatro calles gire a la izquierda, por la Gouden-Handstraat.
La Gouden-Handstraat y la parroquia de

VALORACIÓN DE LOS MAESTROS FLAMENCOS

Enamorados por el ambiente misterioso y medieval, muchos ingleses del siglo XIX se afincaron en la que entonces era una Brujas económica. Uno de los «colonizadores» más famosos, el historiador del arte James Weale, se alojaba en una vivienda en Sint-Gillis. Con sus estudios y publicaciones científicos fijó para la posteridad la fama de Jan van Eyck, Hans Memling y Rogier van der Weyden. Estuvo presente en la exposición «Los Primitivos flamencos en Brujas» (1902), con lo que el nombre colectivo se quedó grabado para nombrar a los pintores que vivían y trabajaban el condado de Flandes durante el siglo XV. *Este año tendrán lugar diversas exposiciones sobre los primitivos flamencos. Encontrará más información en la pág. 89.*

San Gil fueron conocidas durante el siglo XV como el barrio de los artistas. El estudio de Jan van Eyck estuvo en esta calle (número 6), Memling se hospedó en la Sint-Jorisstraat 20, y muchos otros, quizá no tan conocidos compañeros pintores, eligieron los alrededores de esta parroquia para establecerse.

Gire directamente a la derecha y camine por la Sint-Gilliskerkstraat.
Al final de esta calle encontrará la Iglesia de San Gil **20**, centro neurálgico del barrio. En 1258 esta iglesia, originalmente una capilla, fue declarada parroquia. A pesar de su interior neogótico y sus preciosos cuadros parece más bien

Woensdagmarkt

una sencilla iglesia de pueblo. Pero no se confunda, en y alrededor de la iglesia descansaban los restos de afamados pintores como Hans Memling († 1494), el pintor mejor pagado de la época, Lanceloot Blondeel († 1561) y Pieter Pourbus († 1584). El cementerio, y con ello sus tumbas, hace tiempo que desaparecieron, pero las almas de sus artistas continúan flotando en el barrio.

Pase por delante de la iglesia y tome la Sint-Gilliskoorstraat.
Paseando notará que, a pesar del pequeño tamaño de estas casas de obreros, muchas de ellas tienen una ventana clausurada. Esto es debido a que en el año 1800 existía un impuesto que gravaba dependiendo del número de ventanas, y así fue como muchas de ellas desaparecieron.

Desde el Potterierei hasta los Vesten

Al final de la calle diríjase a la izquierda en el Langerei. En el primer puente, el Snaggaardbrug, cruce al Potterierei, y de ahí vaya a la izquierda.
Una vez que haya andado una buena parte del Potterierei, encontrará a su derecha el Seminario Mayor (número 72) **05**. Este es un lugar inigualable en la ciudad, con sus árboles frutales y sus prados para el pasto de las vacas. Durante los años 1628-1642 fue construida aquí una abadía cister-

BRUJAS Y EL MAR

El Langerei fue durante siglos la garantía de riqueza de Brujas. Este canal comunicaba directamente con el Zwin, la salida al mar, gracias a una gran esclusa en Damme. En la Edad Media, mientras Damme crecía en su condición de pre-puerto, Brujas fue uno de los más importantes centros comerciales de todo el norte occidental de Europa. El arte y la cultura florecían y la abundancia se antojaba interminable. Pero, las cosas cambiaron rápidamente tras la súbita muerte de María de Borgoña (en 1482). Las relaciones entre la ciudad y los Borgoñones se enfriaron, la corte abandonó la ciudad y con ellos los comerciantes extranjeros y sus riquezas. Mientras tanto el Zwin se convirtió en un banco de arena y Brujas perdió irremediablemente su privilegiada posición comercial. Gracias a una serie de intrigas políticas la ciudad cayó en un largo período de letargo.

ciense (la abadía «Duinenabdij») que adquirió gran fama por su riqueza y eruditos habitantes. Durante la Revolución Francesa la abadía fue nacionalizada y el abad y sus monjes desaparecieron. Los edificios de la abadía del siglo XVII sirvieron posteriormente como hospital militar, almacén militar y ateneo real, hasta que en 1833 fue declarado Seminario Mayor. Allí se formaron hasta 2018 sacerdotes católicos. Hoy en día el Seminario Mayor es un centro de educación y formación para el obispado y donde encontrará un centro de estudios y formación de la Universidad de las Naciones Unidas 10 . Pocos metros más allá se esconde Nuestra Señora de la Potterie (número 79B) 16 35 . Ya en el siglo XIII las hacendosas monjas cuidaban a los peregrinos, viajeros y enfermos. En el siglo XV se convirtió en una residencia de ancianos. Puede visitar la iglesia gótica del hospital, de interior barroco y la rica colección de arte reunida a través de los siglos. ¡Una perla escondida que la mayoría del público aún no ha descubierto!

CONSEJO

¿Le ha entrado la curiosidad? ¿Prefiere un viaje más confortable que ir andando? Embárquese en la travesía del barco Lamme Goedzak 🚢, un viaje con estilo a Damme. Una vuelta nostálgica. *(Se puede encontrar más información en la pág. 57.)*

Damse Vaart

Camine hasta la esclusa y disfrute unos momentos de la vista.
Desde este punto puede ver el inicio del Damse Vaart, el canal que lleva a Damme. Hoy lugar idílico, hubo un día en el que esta ciudad fue un punto estratégico de guerra. Hasta la Guerra de los Ochenta años Brujas conectaba con la ciudad neerlandesa Sluis a través de Damme. El ambicioso Napoleón ansia-

EL GREMIO DE LOS TIRADORES, ¡120 HOMBRES Y 2 REINAS!

Desde la cima de la colina del Molino Sint-Janshuis puede ver, abajo a su izquierda, el Gremio de los Ballesteros de San Jorge **40**, un gremio de ballesta en el que se practican dos disciplinas: tiro en el exterior a «pájaros» (Popinjay o Papingo), de manera prácticamente vertical, y en interior a una diana. A su derecha, con una graciosa torre, se encuentra el Gremio de los Arqueros de San Sebastián **41**. Este data de hace más de seiscientos años, lo que lo hace único en el mundo. La sociedad cuenta con unos 120 miembros hombres y dos socias femeninas: la Reina de Inglaterra y Matilde, la Reina de Bélgica. Desde que Carlos II, Rey de Inglaterra en el destierro, escogiera Brujas como su residencia en el siglo XVII, existe una estrecha relación entre la Casa Real inglesa y la ciudad. Carlos fundó dentro del Gremio de los Arqueros de San Sebastián la Guardia de Granaderos Británicos y el Regimiento de Life Guards.
Para visitar el gremio, haga una cita a través del sitio web www.sebastiaansgilde.be.

ba hacerse con el poder de esta salida al mar a través del «Zwin», la entrada natural al Damse Vaart. Una vez en sus manos planeaba obligar a los prisioneros de guerra españoles a dragar un nuevo trazado para el agua que llegara hasta Amberes. Así podría convertir esa ciudad portuaria en una base naval y minimizar a los ingleses y sus bloqueos. Finalmente, los planes del general francés nunca fueron realizados en su totalidad. En 1814 las tropas de Napoleón fueron expulsadas. Bajo el mecenazgo de Guillermo I, rey de los Países Bajos, se siguió excavando, pero la independencia de Bélgica en 1830 hizo que al final el proyecto acabara en Sluis. Hoy en día puede en cambio disfrutar del encantador camino que, paralelo al canal, lleva hasta este pueblo: camino de bicis, prohibido a los coches. Es absolutamente aconsejable recorrerlo ya que cruza esos paisajes típicos de los Países Bajos que el afamado cantante belga Jacques Brel cantaba en sus canciones. Un poético canal, acompañado de altos álamos, retorcidos por la fuerza del viento del oeste en medio del paisaje único de los pólderes.

Continúe hacia la derecha y sumérjase en los Vesten, antiguas murallas de la ciudad y hoy cinturón verde de esta.
En el siglo XVI se levantaban unos treinta molinos en los Vesten. Hoy en día, solo se han conservado cuatro de ellos. A partir del siglo XVIII los molineros vieron como su negocio desaparecía: el consumo de pan se redujo debido al creciente consumo de la patata y a la recién inventada máquina de vapor que sustituía a los tradicionales molinos. Aún puede visitar uno de los

CONSEJO

¿Quiere ver algo más? Dé un paseo por la calle Albrecht Rodenbachstraat, una joya escondida. Esta pequeña calle es una continuación de bonitas casas con fachadas escalonadas u otros estilos. Todas ellas con un pintoresco jardín frontal.

> **CONSEJO**
>
> Para aquellos que quieran un poco de descanso, pueden relajarse en el amplio jardín cerrado del Museo de Cultura Popular 44, un lugar tranquilo y encantador en la ciudad. En la calle Balstraat 16, se encuentra el Centro del encaje 29, instalado en la antigua escuela de encajeras.

molinos, el de Sint-Janshuis 39. Un molinero no solo se lo explicará, le mostrará también cómo se molía.
En todo caso suba la colina donde se alza el Molino Sint-Janshuis. En la cima de esto montículo de molino podrá deleitarse con una fantástica vista panorámica. ¡Pero todavía hay más!
A la derecha está la Verloren Hoek, la Esquina Perdida, que, si hoy está en un tranquilo barrio popular, en el siglo XIX era tan pobre que incluso la policía intentaba evitarlo.

La Brujas tranquila

Baje la colina y diríjase a la derecha, al Rolweg.

A la vuelta de la esquina se encuentra el Museo Gezelle 23, la casa de nacimiento de Guido Gezelle (1830-1899), uno de los poetas flamencos más reconocidos. En el museo podrá disfrutar de cartas manuscritas, sus utensilios de escritura, el encantador y tranquilo jardín de la casa y su pino centenario de Córcega. La madre y el padre de Guido trabajaban como jardinero y ama de llaves y, a cambio de su trabajo, ga-

ARTESANÍA DE BRUJAS, UNA HISTORIA MILENARIA

Tintoreros, artesanos de la forja, panaderos, carniceros, constructores de tejado de teja y paja, curtidores... todos y cada uno oficios manuales para los que hacía falta un tiempo de aprendizaje y formación. Para cada gremio había una serie de pautas específicas que garantizaban la calidad del producto entregado. Así los zapateros de Brujas solo podían trabajar con cuero nuevo, los carpinteros no podían trabajar de noche, mientras que los escultores sí podían, aunque solo si un comerciante extranjero estaba esperando una escultura.
En la pág. 97 encontrará más información sobre la destreza y pasión de los artesanos contemporáneos de Brujas, porque también hoy en día esta ciudad se siente orgullosa de su artesanado.

naban un hogar para la familia. En este ambiente maravilloso creció el pequeño Guido, y al que volvió muchos años tras vagar por otras ciudades. Fue capellán de la Iglesia de Santa Walburga **24** y tomó la dirección del Convento inglés **04** donde murió. Sus últimas palabras fueron: «*Me gusta tanto escuchar el canto de los pájaros...*». Aquí, en el barrio más verde de la ciudad, se entiende a la perfección lo que este cura y poeta quiso decir.

Coja la segunda calle a la izquierda, la Balstraat.

Esta pintoresca calle de clase obrera acoge el Museo de Cultura Popular **44**. Una fila de casas con una sola habitación construidas en el siglo XVII, que fueron restauradas y reconstruidas a imagen de diferentes interiores artesanos: desde una carpintería o una confitería hasta una clase de escuela. Aquí puede curiosear cómo era y cómo se vivía en aquellos tiempos. Una vez fuera

04

Langerei

percibirá la original torre de la Capilla de Jerusalén 08. Esta capilla fue mandada construir en el siglo XV por la familia Adornes, una importante familia comercial de origen genovés que se instaló en una preciosa finca 01 de la calle Peperstraat. En 1470, el padre de familia, Anselm Adornes, animó a uno de sus dieciséis hijos a seguir la peregrinación desde Padua hasta Tierra Santa. De vuelta a tierras flamencas, ambos decidieron construir aquí una réplica de la Iglesia del Santo Sepulcro. ¡El resultado es extraordinario! En la capilla que todavía es privada se encuentra el sepulcro de Anselmo y su esposa. Anselmo había dejado dicho que quería que lo enterraran aquí, pero durante un viaje diplomático lo asesinaron y enterraron en Escocia. En el sepulcro solo se encuentra su corazón. En la propiedad de los Adornes 01 anexo conocerá esta prominente familia y su intrigante historia.

En el cruce, continúe por la derecha y camine por la Jeruzalemstraat. Una vez llegado a la iglesia, tuerza a la izquierda, en la plaza Sint-Annaplein. Esta plaza está dominada por la aparentemente sencilla Iglesia de Santa Ana 19. Su exterior puede dar la sensación de sobriedad, pero en su interior se esconde una de las iglesias barrocas más bonitas de Brujas. A medida que el barrio se hacía más rico, la iglesia también obtenía mayor lustre.

Deje la iglesia a su espalda, prosiga todo derecho por la Sint-Annakerkstraat y, un poco después, gire a la derecha y continúe por el Sint-Annarei.

A la otra orilla del agua se encuentra el Verversdijk, que recibe el nombre de la palabra en neerlandés para tintorero. Ese era el gremio que vivía y trabajaba aquí. La familia Adornes era dueña de varias tintorerías. No era total coincidencia que el gremio de tintoreros se encontrara aquí, cerca de los comerciantes ingleses, los proveedores más importantes de lana. Un poco más allá, donde se unen los canales, se alza orgullosa una de las casas rococó más hermosas (Sint-Annarei n° 22) de la ciudad. Siéntese cómodamente en uno de los bancos y disfrute de esta extraordinaria vista.

Vuelva unos metros atrás y coja a la izquierda la Blekersstraat, justo al final del puente.

Café Vlissinghe

El número 2 de esta calle acoge el Café Vlissinghe, sin duda la taberna más antigua de Brujas, en funcionamiento interrumpidamente desde 1515. Siglos de historia y un ambiente inmejorable para poner punto final a este recorrido, cómo no, saboreando una cerveza de la región. No lo olvide, déjala reposar y ¡salud!

¿PREFIERE DAR UNA VUELTA CON UN GUÍA?

Vaya a www.visitbruges.be/ticketshop. Aquí encontrará no solo una amplia oferta de paseos temáticos y urbanos guiados, sino también visitas guiadas por museos, que podrá reservar inmediatamente en línea.

Durante el «año de van Eyck» 2020, podrá reservar un paseo, en ciertos momentos, en el que seguirá los pasos del pintor Jan van Eyck.

La historia de Brujas

A pesar de que la región de Brujas ya estaba habitada en la época romana, el nombre de la ciudad aparece por primera vez en el siglo IX. Proviene seguramente de la palabra en antiguo germánico «brugj» o embarcadero. Brujas tiene una relación especial con el mar. El agua ha jugado siempre un importante papel. Aquí afluyen una serie de riachuelos para formar un río (el Reie), que desemboca al norte en la costa. A través de los «canales de marea», este río se conectó con el Mar del Norte que supuso un camino de éxito y prosperidad.

Debido a su ventajosa ubicación y conexión con el mar, Brujas evolucionó en el bajo medievo hasta convertirse en un vibrante puerto comercial internacional. Al mismo tiempo la fortaleza amurallada crecía hasta convertirse en un bastión con poder político, gracias a la presencia de los condes de Flandes, que gobernaban su condado desde Brujas. En el siglo XIII Brujas se enorgullecía de poder llamarse el centro comercial más importante de la Europa septentrional occidental. Comerciantes de toda Europa se afincaron en la ciudad y la primera Bolsa del mundo fue la de Brujas. Las actividades bursátiles tenían lugar en una plaza delante del albergue perteneciente a la familia de corredores de Brujas llamada Van der Beurse. De esa forma su nombre se vio ligado a la institución financiera para siempre. Bolsa en flamenco se dice «Beurs». A pesar de las dificultades típicas de la Edad Media – epidemias, inestabilidad política y desigualdad social – los ciudadanos de Brujas vivían bien, y rápidamente la ciudad se convirtió en un imán. Hacia el 1340, el centro contaba con no menos de 35.000 habitantes.

El Siglo de Oro

La buena fortuna seguía y durante el siglo XV, el Siglo de Oro en Brujas, las cosas fueron todavía a mejor. Flandes pertenecía desde finales del siglo XIV al Reino de los Condes de Borgoña. Ampliaron su residencia en Brujas y en breve la ciudad se convirtió en un centro cultural importante. Además de las sábanas tradicionales, se fabricaban y vendían nuevos productos de lujo a un ritmo vertiginoso. Pintores afamados, como Jan van Eyck y Hans Memling – los grandes primitivos flamencos – encontraban aquí su fuente de creatividad. Las bellas artes reinaban en la ciudad, y a la vez que se construían hermosas iglesias y casas civiles, se finalizó el monumental Ayuntamiento. Brujas parecía intocable.

Plaza del Mercado, siglo XVII, y a la izquierda el desaparecido Waterhalle, un almacén cubierto

Plaza Burg, siglo XVII, a la izquierda la desaparecida Catedral de San Donaciano y en el centro la antigua fachada del Franconato de Brujas

Ambos cuadros de Jan-Baptist van Meunincxhove, se pueden ver en el Ayuntamiento en la plaza Burg.
© Jan-Baptist van Meunincxhove, via Wikipedia

La caída

El repentino fallecimiento de la amada soberana María de Borgoña en 1482 marcó el gran cambio. La relación entre los habitantes de la ciudad y el viudo Maximiliano de Austria se enfrió, y finalmente la corte de Borgoña abandonó la ciudad. Los comerciantes internacionales les siguieron. La conexión de Brujas con el mar también cambió rápidamente. Era el fin del Siglo de Oro y siguieron largos siglos de guerras y cambios de poder. Tras la independencia de Bélgica en 1830, y a mediados del siglo XIX, Brujas era una ciudad empobrecida. Lo sorprendente es que una novela cambiara el rumbo de la historia.

El Renacimiento

En el *Bruges la Morte*, Georges Rodenbach (1892) describió acertadamente Brujas como una ciudad soñolienta, con un misterio singular. Sobre todo las 35 fotos que aparecen en el libro despertaron la curiosidad de los lectores. Su increíble patrimonio fue pronto redescubierto, y su secreta intimidad se convirtió en su mayor trofeo. Poco a poco, Brujas fue dando sus primeros pasitos en el turismo. El deseo de conexión con el mar hizo que a finales del siglo XIX se construyera un nuevo puerto marítimo internacional, con el nombre de Zeebrugge.

La Brujas de hoy

Durante la Primera Guerra Mundial, Zeebrugge se convirtió en la base de salida de la flota de submarinos alemanes, controlados desde el cuartel general en el Mercado de Brujas. Ambas guerras mundiales dejaron intacto el casco histórico, lo que acrecentó el interés por Brujas. Y este interés se coronó cuando en 2000 la UNESCO consideró todo el casco medieval, patrimonio mundial de la humanidad. El resto es historia.

Beaterio

¿Cómo orientarse en **Brujas**?

52 Explorar Brujas
> EN EL PUNTO DE MIRA: DOS EXCURSIONES QUE NO SE PUEDE PERDER

58 Museos, lugares de interés y otras atracciones
> EN EL PUNTO DE MIRA: LAS IGLESIAS LUCEN COMO ANTAÑO

86 Cultura y eventos
> EN EL PUNTO DE MIRA: BRUJAS, CIUDAD DE LA MÚSICA CLÁSICA

96 De compras en Brujas
> EN EL PUNTO DE MIRA: HANDMADE IN BRUGGE

100 La Brujas gastronómica
> EN EL PUNTO DE MIRA: NUEVA RECETA PARA KOOKEET

Explorar Brujas

Los canales de Brujas

No podemos negarlo, es una delicia perderse en las retorcidas callejuelas de Brujas. Con todo y con eso, sigue siendo atractivo explorar la ciudad de una forma más activa. En ese caso, tiene muchas opciones: con un guía que le mostrará durante una excursión andando o en bici innumerables rincones escondidos, un viaje en barco por los misteriosos canales o un paseo romántico en carroza. O elija un minibús, si quiere ver lo más destacado rápida y cómodamente. ¿Quiere un poco más de emoción? Haga jogging por toda la ciudad, vaya en un moderno Segway o dé un inolvidable paseo en globo. Para el gusto de todos.

EN EL PUNTO DE MIRA

DOS EXCURSIONES QUE NO SE PUEDE PERDER
Canales misteriosos y trotos rítmicos

Los canales de Brujas son las arterias de la ciudad y no hay nada más delicioso que navegar en un barquito mientras ve pasar los rincones más hermosos de la ciudad. Desde el canal descubre nidos de amor escondidos y jardines secretos. Se puede embarcar desde uno de los cinco amarraderos en el centro de la ciudad. Una excursión en barco dura media hora.

O elija un paseo romántico en calesa a través de las plazas centenarias y cruzando puentes encantadores. Durante media hora se dejará llevar por el sonido rítmico de los cascos, mientras se relaja admirando los rincones más pintorescos de Brujas. Durante el paseo, el cochero va explicando detalles y más o menos a mitad de camino se hace una breve parada en el Beaterio.

🚤 Brujas en barco

ABIERTO > Salidas en barco garantizadas desde marzo hasta mediados de noviembre: en principio todos los días, 10:00-18:00h, último viaje a las 17:30h
PRECIO > 10,00 €; niños de 4 hasta 11 años: 6,00 €; niños hasta 3 años: gratis

🐴 Brujas en calesa

ABIERTO > Todos los días, de 9:00 a 18:00h mínimo y 22:00h como máximo (desde el 15/7 hasta el 31/8 hasta 23:00h, como muy tarde)
PRECIO POR CALESA > 55,00 €; 5 personas máx.
ENCUENTRO > En el Markt pero los miércoles por la mañana en la plaza Burg
INFO > www.hippo.be/koets

🚌 Brujas en autobús

City Tour Brugge

Los minibuses de City Tour ofrecen un tour de 50 minutos por los lugares más bellos de Brujas y los lugares de interés más importantes.

ABIERTO > Diariamente, cada media hora (también en días festivos). El primer autobús sale a las 10:00h. El último viaje sale:
 > a las 16:00h desde el 1/11 hasta el 31/1
 > a las 16:30h desde el 1/2 hasta el 9/2
 > a las 17:00h desde el 10/2 hasta el 29/2
 > a las 17:30h desde el 1/3 hasta el 15/3 y desde el 16/10 hasta el 31/10
 > a las 18:00h desde el 16/3 hasta el 30/4 y desde el 1/10 hasta el 15/10
 > a las 19:00h desde el 1/5 hasta el 30/9

No hay viajes a las 18:30h

DÍA ESPECIAL DE CIERRE > El 20/9
PRECIO > Incluye cascos individuales con una explicación privada (16 idiomas disponibles): 20,00 €; niños de 6 hasta 11 años: 15,00 €; niños hasta 5 años: gratis
ENCUENTRO > Markt, a la altura de la Corte Provincial
INFO > www.citytour.be

Photo Tour Brugge

Ya sea un novato de la fotografía o un verdadero profesional, Andy McSweeney le llevará durante el recorrido del Photo Tour a los lugares más fotogénicos de la ciudad.

ABIERTO > Diariamente: «Edges of Brugge» (10:00-12:00h), dedicado a los canales y callejuelas; «Essential Brugge» (13:00-15:00h), enfocado a los clásicos de Brujas; en «Hidden Brugge» (16:00-18:00h) va a la búsqueda de lugares menos conocidos. La excursión privada «Shades of Brugge» (20:00-23:00h) le hará vivir la vida nocturna de Brujas. También se pueden reservar «Edges of Brugge», «Essential Brugge» y «Hidden Brugge» como tours privados.
PRECIO > 60,00 €; tour privado: 220,00 €; máx. 4 fotógrafos por visita guiada; cada participante fotógrafo puede llevar un acompañante no-fotógrafo gratis. Es obligatorio reservar, aunque se puede hacer la reserva el mismo día.
ENCUENTRO > Basílica de la Santa Sangre, en la plaza Burg
IDIOMAS > Inglés, y con petición previa, en francés y/o neerlandés
INFO > Tel. +32 (0)486 17 52 75, www.phototourbrugge.com

Brujas mi corazón

Paseos de calidad con guías locales

Durante este paseo exclusivo (16 personas máx.) un guía urbano de Brujas le llevará por una ruta fascinante. No solo descubrirá los muchos edificios y sitios históricos, sino también descubrirá las perlas y los lugares escondidos. El paseo se termina con una vista panorámica impresionante de la ciudad desde la azotea de la Sala de conciertos. ¡Una experiencia única!
ABIERTO > Descubra en www.visitbruges.be/ticketshop cuándo puede reservar un paseo o entre en una de nuestras 🛈 oficinas de información.

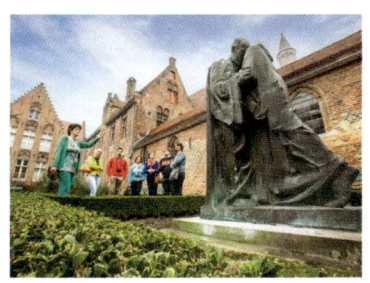 

PRECIO > (Con reserva) 12,50 €; niños hasta 11 años: gratis
ENCUENTRO > El paseo arranca desde la 🛈 oficina de información Markt (Historium)
IDIOMAS > Francés, inglés, alemán, neerlandés
TICKETS > 🛈 Oficina de información Markt (Historium), 🛈 oficina de información Estación de trenes (acceso a las vías, salida al centro) y www.visitbruges.be/ticketshop. En el sitio web, encontrará una amplia oferta de paseos temáticos y urbanos guiados, que podrá reservar inmediatamente en línea.
INFO > Tel. +32 (0)50 44 46 46, www.visitbruges.be

Brujas corriendo

Tourist Run Brugge – guided tours
Corra de manera guiada y a ritmo pausado por las calles y callejuelas de Brujas. El recorrido, que acaba en el Markt, es de 9,5 km y con las explicaciones que obtiene durante la carrera, cuente con 1 hora o 1 hora y media.
ABIERTO > Diariamente, tour a las 7:00h, 8:00h, 9:00h, 17:00h, 18:00h, 19:00h, 20:00h y 21:00h. Es obligatorio reservar con antelación.
PRECIO > 30,00 €; reserva para 2 corredores: 25,00 €/pers.; desde 3 corredores 20,00 €/pers.
ENCUENTRO > En la estatua de Jan Breydel y Pieter de Coninck, en la plaza del Markt. Se le puede ir a buscar a su hotel o alojamiento con petición previa.
IDIOMAS > Francés, inglés, neerlandés, alemán
INFO > Tel. +32 (0)483 49 15 74, www.touristrunbrugge.be

Brujas en bici

QuasiMundo Biketours: Brujas en bici
Descubra a través de sus callejuelas el carácter medieval de Brujas. Las fascinantes historias del un guía de Brujas le transportarán a tiempos en que condes y duques gobernaban la ciudad. Durante la ruta, pasará por casi toda la ciudad. Algo que no se pueden perder los amantes de las bicis y la historia.
ABIERTO > Desde el 1/3 hasta el 30/12: sábado y domingo, 10:00-12:30h en inglés y 10:30-13:00h en neerlandés; lunes a viernes, 10:00-12:30h, previa cita. Es obligatorio reservar con antelación.
PRECIO > Bicicleta y chubasquero incluidos: 30,00 € o 26,00 € (jóvenes de 13 hasta 26 años); en caso de traer su propia bici: 20,00 € o 18,00 € (jóvenes de 13 hasta 26 años); niños de 6 hasta 12 años: 15,00 €; niños hasta 5 años: 5,00 €
ENCUENTRO > Predikherenstraat 28, 10 min. antes de la salida

IDIOMAS > Inglés y neerlandés, pero si se solicitan también francés y alemán
INFO > Tel. +32 (0)50 33 07 75 o +32 (0)478 28 15 21, www.quasimundo.com
(Vea también «Excursiones guiadas en la Campiña de Brujas», pág. 142)

Brujas en bici carro
Fietskoetsen Brugge
Descubra de una forma única y ecológica los rincones más románticos y los monumentos históricos de la ciudad. Un guía personal le llevará en bici carro a dar un paseo de 30 minutos.
ABIERTO > Desde el 1/1 hasta el 31/3: los sábados y domingos, 11:00-17:00h, exclusivamente con cita previa; desde el 1/4 hasta el 31/12: martes a jueves, sábado y domingo, 11:00-18:00h
DÍAS ESPECIALES DE CIERRE >
Desde el 1/1 hasta el 5/1
PRECIO POR BICI CARRO > 24,00 €; 3 personas máx.
ENCUENTRO > En la plaza del Markt a la altura del Burger King; pero los miércoles por la mañana en la plaza Burg
IDIOMAS > Español, francés, inglés, neerlandés
INFO > Tel. +32 (0)478 40 95 57, www.fietskoetsenbrugge.be

Brujas en Segway
Segway Brugge
Una forma original de explorar la ciudad sin tener que dar un solo paso. Después de practicar brevemente, el guía personal le llevará por lugares históricos, monumentos, edificios especiales y tesoros escondidos de Brujas. También puede elegir un tour de chocolate, Brujas de noche, cena o cerveza.
ABIERTO > Diariamente, tours a las 10:00h, 12:00h, 14:00h, 16:00h y 18:00h
PRECIO > Tour estándar: 40,00 € (1 hora) o 55,00 € (2 horas), otras rutas son más caras. Es obligatorio reservar, pero se puede hacer incluso en el mismo día (2 personas mín.).
IDIOMAS > Francés, inglés, neerlandés, alemán
INFO Y ENCUENTRO > Site Oud Sint-Jan, Zonnekemeers 18, tel. +32 (0)50 68 87 70 o +32 (0)495 90 60 60, www.segwaybrugge.be

Brujas desde un globo
Bruges Ballooning
La manera más aventurera y, probablemente la más romántica, de descubrir Brujas es en globo. Bruges Ballooning organiza excursiones de mañana, o de tarde sobre Brujas. Los paseos tardan 3 horas, ¡de las que al menos 1 está en el aire!

ABIERTO > Desde el 4/4 hasta el 1/11: diariamente, reserva necesaria, pero puede reservar hasta pocas horas previas a la salida el mismo día. Los paseos en globo tienen lugar al amanecer hasta 2 horas antes de la puesta de sol.
PRECIO > 180,00 €; niños de 4 hasta 12 años: 135,00 €
ENCUENTRO > Se le recoge y devuelve a su alojamiento
IDIOMAS > Español, francés, inglés, neerlandés
INFO > Tel. +32 (0)475 97 28 87, www.bruges-ballooning.com

🚢 Lamme Goedzak Damme (barco de vapor de ruedas)

El nostálgico barco Lamme Goedzak navega cuatro veces al día de ida y vuelta por el canal entre Brujas y el centro de Damme.
ABIERTO > De lunes a sábado desde el 24/2 hasta el 7/11: salidas de Brujas a Damme a las 11:00h, 13:00h, 15:00h y 17:00h; salidas de Damme a Brujas a las 12:00h, 14:00h, 16:00h y 18:00h
PRECIO > 9,00 € (ida) o 13,00 € (ida y vuelta); 60+: 8,00 € (ida) o 12,00 € (ida y vuelta); niños de 3 hasta 12 años: 6,00 € (ida) o 9,00 € (ida y vuelta). Las entradas se pueden comprar en el barco o a través de Visit Damme.
ENCUENTRO > Suba a bordo en Brujas en el embarcadero Noorweegse Kaai 31 (mapa de la ciudad: J1). Suba a bordo en Damme en Damse Vaart-Zuid.
INFO > Tel. +32 (0)485 02 66 95 o +32 (0)468 21 55 30, www.bootdamme-brugge.be

Paseo en barco por el puerto de Zeebrugge

El tour en barco de 75 minutos pasa por la base naval, la esclusa de Pierre Vandamme (una de las esclusas más grandes del mundo), la terminal de gas, el parque eólico, la isla de los estorninos y los barcos crucero y las dragas. Mientras tanto podrá admirar como inmensos barcos de contenedores cargan y descargan en el muelle. Una experiencia única para conocer mejor el puerto y sus actividades diarias.
ABIERTO > Desde el 1/4 hasta el 15/10: los fines de semana y los días de fiesta, excursión a las 14:00h; desde el 1/7 hasta el 31/8: miércoles a domingo, a las 14:00h y las 16:00h; desde el 1/8 hasta el 18/8: miércoles a domingo, una excursión extra a las 11:00h
PRECIO > Billetes en línea a un precio reducido. Billetes para todo el día a bordo, según disponibilidad. Adultos: a partir de 11,50 €; niños de 3 a 11 años: a partir de 9,50 €.
ENCUENTRO > Suba a bordo en el embarcadero al final de la calle Tijdokstraat (antiguo puerto de pescadores), Zeebrugge
IDIOMAS > Francés, inglés, neerlandés, alemán. También puede descargar gratis el comentario en su Smartphone.
INFO > Tel. +32 (0)59 70 62 94 (para salidas fuera de las horas fijas de navegación), www.captainblue.be

Museos, lugares de interés y otras atracciones

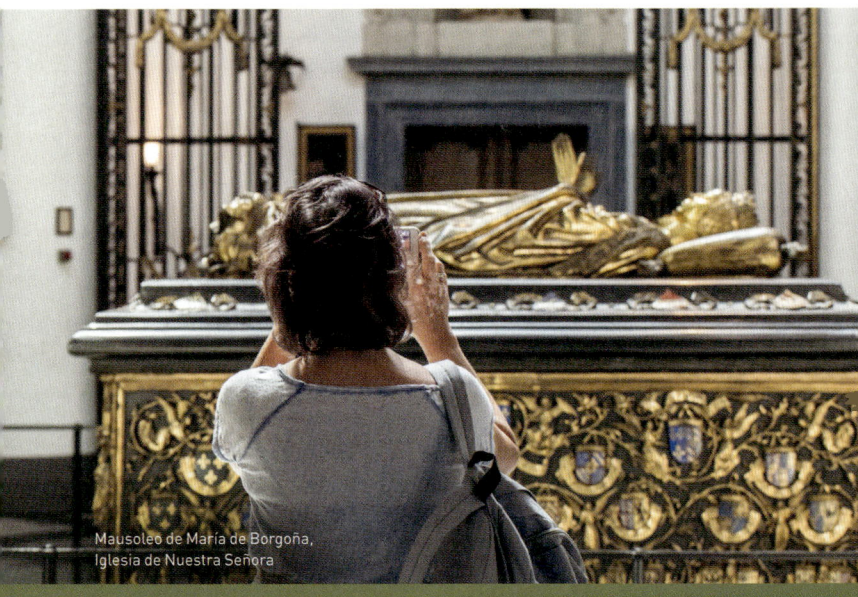

Mausoleo de María de Borgoña, Iglesia de Nuestra Señora

Brujas cuenta con varios lugares únicos que no se puede perder: testigos acogedores de un rico pasado. Los primitivos flamencos son, sin duda, la perla de Brujas, con el *Relicario de Ursula* de Hans Memling y la *Madonna con canónigo Joris van der Paele* del pintor Jan van Eyck. Pero los amantes del arte no van a ser defraudados ya que la oferta de Brujas es amplia y exquisita. Desde esculturas de arte moderno, a la famosa *La Madonna de Brujas* de Miguel Ángel, pasando por una visita al Centro del Encaje.

EN EL PUNTO DE MIRA

LAS IGLESIAS LUCEN COMO ANTAÑO
La Iglesia de Nuestra Señora y le Catedral de San Salvador se renuevan a su antigua gloria

A tiro de piedra la una de la otra se encuentran las dos iglesias más importantes de Brujas. Después de una larga restauración, puede volver a admirar todo el esplendor de estos monumentos religiosos.

Por un lado, la Iglesia de Nuestra Señora de estilo gótico recupera el brillo de antaño con su *Madonna de Brujas* de Miguel Ángel, después de diecinueve años de minuciosa restauración. En 2000 ya se empezó con la renovación de la torre, la más alta del *skyline* de Brujas. Después siguió la cuidada renovación de las fachadas, los tejados y el interior. Así salieron a la luz los murales milenarios, policromados, con los que uno se podía hacer una idea de lo ricamente decorada que estaba la iglesia.

Y después de más de treinta años de restauración, la Catedral de San Salvador, la parroquia más antigua de Brujas con una historia que se remonta al siglo IX, también muestra todo su esplendor. Ya en 1987 se empezó con la restauración del exterior, y después, a partir de 2010 se iniciaron las obras del interior. Tallas en madera, tapices, vidrieras, suelos y pinturas; se renovó absolutamente todo, pero lo que llama la atención es la renovación de los frescos en los muros y pilares. Las perlas de la corona de Brujas son, ahora más que nunca, un placer para la vista.
(Siga leyendo en las págs. 75 y 81-82.)

01 08 Adornesdomein – Jeruzalemkapel (Finca Adornes – Capilla de Jerusalén)

El dominio Adornes se compone de la casa señorial de la acomodada familia de comerciantes Adornes, de la Capilla de Jerusalén, una obra maestra del siglo XV construida por la familia, y una serie de casas de la caridad. En el museo multimedia entrará en la vida de Anselmo Adornes y conocerá la época borgoñonesa de cuando vivió. Disfrute de un agradable descanso en el ambiente elegante y familiar del *Scottish Lounge*.

ABIERTO > Desde el 1/10 hasta el 31/3: de lunes a sábado, 10:00-17:00h; desde el 1/4 hasta el 30/9: de lunes a viernes, 10:00-17:00h y sábado, 10:00-18:00h

DÍAS ESPECIALES DE CIERRE > Los días de fiesta (belgas)

PRECIO > 8,00 €; 65+: 6,00 €; jóvenes de 7 hasta 25 años: 4,00 €; niños hasta 6 años: gratis; descuentos para familias: gratis a partir del tercer niño

INFO > Peperstraat 3A, tel. +32 (0)50 33 88 83, www.adornes.org

02 Archeologiemuseum (Museo Arqueológico)

En base a tesoros arqueológicos de la zona, descubrirá cómo los antepasados de esta ciudad vivían y trabajaban, se preparaban su comida y enterraban a sus seres queridos. Desde la prehistoria hasta el día de hoy y todo a través de elementos de acción y búsqueda interactivas, también para niños.

ABIERTO > De martes a domingo, 9:30-12:30h y 13:30-17:00h (abierto el lunes de Pascua y de Pentecostés; el 24/12 y el 31/12, hasta las 16:00h); ya no se podrá acceder a partir de 30 minutos antes del cierre

DÍAS ESPECIALES DE CIERRE > El 1/1, el 21/5 (13:00-17:00h) y el 25/12

PRECIO > 4,00 €; 65+ y jóvenes de 18 hasta 25 años: 3,00 €; niños hasta 17 años: gratis

INFO > Mariastraat 36A, tel. +32 (0)50 44 87 11, www.museabrugge.be

03 Arentshuis (Casa Arents)

En el piso superior de esta elegante casa señorial del siglo XVIII con su pintoresco jardín se expone la obra del polifacético artista británico Frank Brangwyn (1867-1956). Brangwyn no solo fue un pionero en las artes gráficas como pintor, sino que también fue diseñador de tapices, muebles, vidrieras, cerámica y joyas. Incluso los armarios vidriera se hicieron siguiendo un diseño suyo. La planta baja es sobre todo el decorado para las exposiciones temporales

con obras gráficas del Museo de Groeninge y el Museo de estampas de la Organización de Musea Brugge.

ABIERTO > De martes a domingo, 9:30-17:00h (abierto el lunes de Pascua y de Pentecostés; el 24/12 y el 31/12, hasta las 16:00h); ya no se podrá acceder a partir de 30 minutos antes del cierre

DÍAS ESPECIALES DE CIERRE >
El 1/1, el 21/5 (13:00-17:00h) y el 25/12

PRECIO > 6,00 €; 65+ y jóvenes de 18 hasta 25 años: 5,00 €; niños hasta 17 años: gratis; entrada combinada posible con el Museo Groeninge *(vea la pág. 70-71)*

INFO > Dijver 16, tel. +32 (0)50 44 87 11, www.museabrugge.be

01 Basiliek van het Heilig Bloed (Basílica de la Santa Sangre)

La iglesia doble se consagró en el siglo XII a Nuestra Señora y a San Basilio y se compone de una capilla inferior y otra superior. La capilla inferior ha sabido conservar su carácter original y es así un raro ejemplo de la arquitectura del románico en la zona costera. En la capilla superior de estilo neogótico se guarda la reliquia de la Santa Sangre y encontrará una Cámara de los Tesoros con numerosas y valiosas obras de arte. Debido a la especial devoción de la reliquia, en 1923 la iglesia se convirtió en basílica.

ABIERTO > Diariamente, 9:30-12:30h y 14:00-17:30h; ya no se podrá acceder a partir de 15 minutos antes del cierre. Culto a la reliquia: diariamente, 11:30-12:00h y 14:00-16:00h

DÍA ESPECIAL DE CIERRE > El 1/1

PRECIO > Iglesia doble: gratis; cámara del tesoro: 2,50 €; niños hasta 12 años: gratis

INFO > Burg 13, tel. +32 (0)50 33 67 92, www.holyblood.com

02 02 04 Begijnhof (Beaterio)

El «Principesco Beaterio Ten Wijngaarde» con sus fachadas blancas y el tranquilo jardín fue fundado en 1245. En este trocito de patrimonio de la humanidad, vivieron las beguinas, mujeres emancipadas que ciertamente eran laicas, pero que aun así siguieron una vida piadosa y de celibato. Hoy en día en el Beaterio viven unas hermanas de la Orden de San Benedito y mujeres solteras de Brujas. En la Casa de beguina podrá hacerse una idea de cómo era la rutina en el siglo XVII.

ABIERTO > Casa de beguina: diariamente, 10:00-17:00h. Beaterio: diariamente, 6:30-18:30h

PRECIO > Casa de beguina: 2,00 €; 65+: 1,50 €; estudiantes y niños de 8 hasta 12 años: 1,00 €. Beaterio: gratis
INFO > Begijnhof 24-28-30, tel. +32 (0)50 33 00 11, www.monasteria.org

05 09 Belfort (Campanario)

La torre más importante de Brujas se remonta al siglo XIII, tiene 83 metros de altura y se la considera patrimonio de la humanidad. A quien suba los 366 escalones, se le premiará con una impresionante vista panorámica de Brujas y sus alrededores. De camino a la cima podrá pararse en la Cámara de los tesoros donde se guardan las marcas, sellos y tesorería medievales de la ciudad. Además, podrá ver el impresionante rollo de partitura que acciona el carillón, y el teclado donde el campanero municipal toca las 47 campanas.
ABIERTO > Diariamente, 9:30-18:00h (el 24/12 y el 31/12, hasta las 16:00h); ya no se podrá acceder a partir de 1 hora antes del cierre. Debido a razones de seguridad, está limitado el número de personas que pueden visitar la torre al mismo tiempo. No se pueden hacer reservas. Tenga en cuenta cierto tiempo de espera.
DÍAS ESPECIALES DE CIERRE >
El 1/1, el 21/5 (13:00-18:00h) y el 25/12
PRECIO > 12,00 €; 65+ y jóvenes de 6 hasta 25 años: 10,00 €; niños hasta 5 años: gratis
INFO > Markt 7, tel. +32 (0)50 44 87 11, www.museabrugge.be

Bezoekerscentrum Lissewege – Heiligenmuseum (Centro de visitantes de Lissewege – Museo de los Santos)

El Centro de visitantes le cuenta la historia de este «pueblo blanco», más de 1000 años de historia. En el Museo de los Santos puede contemplar una colección especial con al menos 130 imágenes de santos patronos.

ABIERTO > Los fines de semana de mayo y junio, incluso en el puente del 1 de mayo (1/5-3/5), el fin de semana de la Ascensión (21/5-24/5), el fin de semana de Pentecostés (30/5-1/6), diariamente desde el 1/7 hasta el 15/9 y en las dos últimas fines de semana de septiembre (19/9-20/9 y 26/9-27/9): 14:00-17:30h
PRECIO > Centro de visitantes: gratis. Museo de los Santos: 2,00 €; niños hasta 11 años: 1,00 €
INFO > Oude Pastoriestraat 5, Lissewege, tel. +32 (0)495 38 70 95, www.lissewege.be

Boudewijn Seapark Brugge

En el Boudewijn Seapark disfrutará de un nuevo espectáculo mágico con delfines y los lobos marinos y focas muestran los trucos más divertidos. Pero el parque no solo ofrece animales marinos, cuenta también con veinte atracciones que garantizan la diversión a jóvenes y mayores. Por último, *Bobo's Indoor* posee diez atracciones cubiertas y *Bobo's Aqua-Splash* ofrece horas al aire libre de puro entretenimiento en el agua.

ABIERTO > Durante las vacaciones de Pascua (4/4-19/4): 10:00-17:00h; en mayo y junio: diariamente, excepto los miércoles, 10:00-17:00h; en julio y agosto: diariamente, 10:00-18:00h; en septiembre: los sábados y domingos, 10:00-18:00h; durante las vacaciones de otoño (31/10-8/11): 10:00-17:00h. Consulte el sitio web para ver la oferta en invierno.
PRECIO > 27,00 €; 65+ y niños desde 1 metro hasta 11 años: 23,00 €; niños desde 85 cm hasta 99 cm: 9,50 €
INFO > Alfons De Baeckestraat 12, Sint-Michiels, tel. +32 (0)50 38 38 38, www.boudewijnseapark.be

09 Brouwerij Bourgogne des Flandres (Cervecería)

Después de sesenta años se vuelve a fabricar la cerveza *Bourgogne des Flandres* en el centro de Brujas. El mismo fabricante le explicará cómo es el proceso de fabricación de la cerveza, podrá echar un vaso digital en el espacio interactivo y

podrá personalizarse una botella con su propia foto. Los niños podrán jugar en una entretenida búsqueda del tesoro. Quién tenga sed después de su visita puede sentarse en una romántica terraza. Disfrutará de la copa de Bourgogne des Flandres incluida y la vista al agua.

ABIERTO > Martes a domingo, 10:30-18:00h pero durante las vacaciones escolares belgas, puentes y festivos también los lunes; última visita a las 17:00h

DÍAS ESPECIALES DE CIERRE > El 1/1, del 6/1 al 23/1 y el 25/12

PRECIO > Con consumición y audioguía (disponible en 10 idiomas): 11,00 €; niños de 10 hasta 15 años: 5,50 € (sin consumición); niños hasta 9 años: gratis; entrada familia (2 adultos + 3 niños máximo): 28,50 €, incluye consumición para adultos

INFO > Kartuizerinnenstraat 6, tel. +32 (0)50 33 54 26, www.bourgognedesflandres.be

🛜 ⑩ Brouwerij De Halve Maan (Cervecería)

Esta auténtica fábrica de cerveza en el centro de Brujas es una empresa familiar con una tradición de seis generaciones desde 1856. Es aquí donde se elabora la cerveza de la ciudad *Brugse Zot*: una sabrosa cerveza de alta fermentación a base de malta, lúpulo y una levadura especial. En 2016 se construyó una tubería subterránea de cerveza única de 3 km que conecta la fábrica de cerveza en el centro con la planta embotelladora en las afueras.

ABIERTO > Tienda: diariamente, 10:00-17:00h (sábado hasta las 18:00h). Visita guiada: domingo a viernes, 11:00-16:00h cada hora, última visita a las 16:00h; sábado, 11:00-17:00h cada hora, última visita a las 17:00h; XL-Tour con degustación de tres cervezas especiales: diariamente, a las 14:15h

DÍAS ESPECIALES DE CIERRE > El 1/1 y el 25/12

PRECIO > Con consumición: 12,00 € (en línea 11,00 €); niños de 6 hasta 12 años: 6,00 €; niños hasta 5 años: gratis; XL-Tour: 21,00 €

IDIOMAS > Francés, inglés, neerlandés. XL-Tour en neerlandés e inglés

INFO > Walplein 26, tel. +32 (0)50 44 42 22, www.halvemaan.be

Bruges Beer Experience

Descubra de una forma interactiva todo sobre los ingredientes de la cerveza, el proceso de fermentación, *food pairing*, la cerveza en Brujas, las cervezas artesanales y trapenses... Los ni-

ños seguirán con el Kids Tour la historia del Osito de Brujas. ¿Quiere una degustación? El bar está abierto al público, con varias cervezas de barril y una vista al Markt.

ABIERTO > Lunes a viernes, 10:00-18:00h; sábado, 10:00-21:00h; domingo, 10:00-17:00h; ya no se podrá acceder a partir de 1 hora antes del cierre (el bar y la tienda abren hasta las 18:30h, los sábados a las 23:00h)

DÍAS ESPECIALES DE CIERRE > El 1/1 y el 25/12

PRECIO > Incluye iPad Mini con auriculares (disponible en 11 idiomas): 16,00 € (con 3 degustaciones de cerveza) o 10,00 € (sin degustación); niños de 5 hasta 12 años: 6,00 €; ticket familiar (máx. 2 adultos + 3 niños): 36,00 € (con degustación para los adultos) o 24,00 € (sin degustación)

INFO > Breidelstraat 3 (último piso del antiguo edificio de correos), tel. +32 (0)50 69 92 29 o +32 (0)496 76 45 54, www.mybeerexperience.com

Brugse Vrije (Franconato de Brujas)

Desde esta mansión se controlaba anteriormente el Franconato de Brujas (el campo alrededor de Brujas). Después pasó a ser sede de los Tribunales de Justicia (1795-1984). Hoy en día alberga, entre otros, los archivos de la ciudad que guarda la memoria escrita de la ciudad. El edificio cuenta con la antigua sala del tribunal y otra renacentista donde puede admirar una monumental chimenea espectacular de 1528 construida en madera, mármol y alabastro. Un homenaje al Emperador Carlos I (1500-1558), de la mano de Lanceloot Blondeel.

ABIERTO > Diariamente, 9:30-17:00h (el 24/12 y el 31/12, hasta las 16:00h); ya no

se podrá acceder a partir de 30 min. antes del cierre
DÍAS ESPECIALES DE CIERRE >
El 1/1, el 21/5 (13:00-17:00h) y el 25/12
PRECIO > Incluye visita al Ayuntamiento: 6,00 €; 65+ y jóvenes de 18 hasta 25 años: 5,00 €; niños hasta 17 años: gratis. Compre las entradas en el Ayuntamiento.
IDIOMAS > Audioguía gratis disponible en 5 idiomas
INFO > Burg 11A, tel. +32 (0)50 44 87 11, www.museabrugge.be

14 Choco-Story (Museo del chocolate)

El museo del chocolate ilustra al visitante la historia del cacao y del chocolate: desde los mayas pasando por los conquistadores españoles a los golosos de hoy en día. Los niños pueden descubrir el museo a través de una ruta de búsqueda y descubrimiento. En el mismo museo se fabrican además bombones que se pueden probar. A cinco minutos a pie encontrará el bar temático Choco-Jungle, en la calle Vlamingstraat 31, que forma parte del museo.
ABIERTO > Diariamente, 10:00-17:00h (desde el 1/7 hasta el 31/8, hasta las 18:00h); ya no se podrá acceder a partir de 45 minutos antes del cierre

DÍAS ESPECIALES DE CIERRE >
El 1/1, del 6/1 al 10/1 y el 25/12
PRECIO > 9,50 €; 65+ y estudiantes: 7,50 €; niños de 6 hasta 11 años: 5,50 €; niños hasta 5 años: gratis; entradas combinadas posibles *(vea la pág. 85)*
IDIOMAS > App con audioguía disponible en español, italiano, alemán, japonés. Hay carteles informativos en francés, inglés, neerlandés.
INFO > Wijnzakstraat 2, tel. +32 (0)50 61 22 37, www.choco-story-brugge.be

17 Concertgebouw Circuit

Siguiendo esta original ruta podrá experimentar y descubrir la moderna Sala de conciertos. Conozca cómo funciona la Sala de conciertos, déjese impresionar por su famosa acústica, sorpréndase con la colección de arte contemporáneo o haga sus pinitos en el arte del sonido. Durante un lúdico tour infantil con ta-

reas, los niños pueden ir recogiendo sellos. La guinda es la azotea del séptimo piso con una impresionante vista panorámica de la ciudad.

ABIERTO > De miércoles a sábado, 14:00-18:00h; los domingos, 10:00-14:00h; ya no se podrá acceder a partir de 30 minutos antes del cierre. Visita guiada: de miércoles a sábado, a las 15:00h

DÍAS ESPECIALES DE CIERRE >
El 1/1 y el 25/12. Algunas veces no está abierto al público. Consulte el sitio web antes de planificar la visita.
PRECIO > 8,00 €; jóvenes de 6 hasta 26 años: 4,00 €; niños hasta 5 años: gratis; visita guiada: sin suplemento
IDIOMAS > Visita guiada en neerlandés, francés o inglés, dependiendo de los idiomas que hable el grupo.
INFO > 't Zand 34, tel. +32 (0)50 47 69 99, www.concertgebouwcircuit.be

Cozmix – Volkssterrenwacht (observatorio astronómico de) Beisbroek

Admirar de cerca y con ayuda de un gran telescopio el sol, la luna y los planetas en la torre de observación. En el planetario se proyectan más de siete mil estrellas en la cúpula interior. Espectaculares imágenes le transportan al misterioso y fascinante universo. También el ingenioso camino de los planetas (con estatuas de Jef Claerhout) le llevará a un viaje espectacular por el universo.

ABIERTO > Miércoles y domingo, 14:30-18:00h; viernes, 20:00-22:00h. Sesiones de planetarium el miércoles y domingo a las 15:00h y 16:30h y el viernes a las 20:30h. Durante las vacaciones escolares belgas contamos con horarios amplios de apertura y más sesiones de planetario: consulte el sitio web.
DÍAS ESPECIALES DE CIERRE >
El 1/1 y el 25/12
PRECIO > 6,00 €; jóvenes de 4 hasta 17 años: 5,00 €
IDIOMAS > Sesiones en otros idiomas el miércoles a las 16:30h: la primera y tercera semana del mes en francés, la segunda, cuarta y quinta semana en inglés
INFO > Zeeweg 96, Sint-Andries, tel. +32 (0)50 39 05 66, www.cozmix.be

18 Diamantmuseum Brugge (Museo del diamante)

¿Sabía que hace más de 500 años se inventó en Brujas la talla de diamantes? Este es tan solo uno de los aspectos de la historia del diamante. En el Museo del Diamante de Brujas podrá enterarse de más cosas. Durante las exclusivas demostraciones diarias de talla de diamante aprenderá todavía más se-

cretos y verá cómo se tallan las piedras preciosas.
ABIERTO > Diariamente, 10:30-17:30h. Demostración de talla de diamantes: varios shows al día. Puede consultar el programa en el museo, por teléfono o en línea.
DÍAS ESPECIALES DE CIERRE >
El 1/1, del 6/1 al 17/1 y el 25/12
PRECIO > Con demostración: 9,50 €; 65+, estudiantes y niños de 6 a 12 años: 8,50 €; niños hasta 5 años: gratis; ticket familiar (2 adultos + 2 niños): 30,00 €; entrada combinada posible *(vea la pág. 85)*
IDIOMAS > Demostración de talla de diamante en francés, inglés, neerlandés
INFO > Katelijnestraat 43, tel. +32 (0)50 34 20 56, www.diamondmuseum.be

20 Foltermuseum (Museo de la tortura) De Oude Steen

En el edificio de piedra hermosamente restaurado y que es probablemente el más antiguo de Brujas, descubrirá una excepcional colección de instrumentos de tortura y aprenderá algo de la historia de la justicia, castigo y tortura. Le hace pensar a uno sobre la dicotomía entre el bien y el mal, y cómo la justicia en la Antigüedad y la Edad Media estaba en la frontera entre la violencia y el derecho.
ABIERTO > Diariamente, 10:30-18:30h (desde el 1/7 hasta el 31/8, hasta 21:00h)
PRECIO > 9,00 €; 60+: 7,00 €; estudiantes: 6,00 €; niños hasta 10 años: gratis; ticket familiar (2 adultos + 3 niños hasta 15 años): 25,00 €
INFO > Wollestraat 29, tel. +32 (0)50 73 41 34, www.torturemuseum.be

08 21 Frietmuseum (Museo de la patata frita)

Este didáctico museo cuenta la historia de la patata, su aplicación más famosa, las patatas fritas, y las salsas que las acompañan. La exposición se encuentra en uno de los edificios más hermosos de Brujas, el Saaihalle. Con la muestra de la entrada se beneficiará de un descuento de 0,40 € en una porción de patatas fritas.
ABIERTO > Diariamente, 10:00-17:00h; ya no se podrá acceder a partir de 45 minutos antes del cierre
DÍAS ESPECIALES DE CIERRE >
El 1/1, del 6/1 al 10/1 y el 25/12
PRECIO > 7,00 €; 65+ y estudiantes: 6,00 €; niños de 6 hasta 11 años: 5,00 €; niños hasta 5 años: gratis; entradas combinadas posibles *(vea la pág. 85)*
INFO > Vlamingstraat 33, tel. +32 (0)50 34 01 50, www.frietmuseum.be

07 22 Gentpoort (Puerta de Gante)

La Puerta de Gante es una de las cuatro puertas medievales originales aún conservadas en Brujas. La función de la puerta fue la protección de la ciudad y la entrada y salida de bienes. En el museo descubrirá cómo el portón conseguía mantener a raya a los enemigos. Desde la azotea podrá tener una hermosa vista sobre una parte del casco antiguo y las murallas de la ciudad. No se pierda la figura de San Adriano en el nicho encima de la entrada del lado urbano: protegía a los ciudadanos de la ciudad de la peste.

ABIERTO > De martes a domingo, 9:30-12:30h y 13:30-17:00h (abierto el lunes de Pascua y de Pentecostés; el 24/12 y el 31/12, hasta las 16:00h); ya no se podrá acceder a partir de 30 minutos antes del cierre

DÍAS ESPECIALES DE CIERRE >
El 1/1, el 21/5 (13:00-17:00h) y el 25/12. Información práctica: seguramente la Puerta de Gante estará cerrada bastante tiempo durante el año. Infórmese de antemano en Musea Brugge.

PRECIO > 4,00 €; 65+ y jóvenes de 18 hasta 25 años: 3,00 €; niños hasta 17 años: gratis

INFO > Gentpoortvest, tel. +32 (0)50 44 87 11, www.museabrugge.be

23 Gezellemuseum (Museo Gezelle)

Este museo literario y biográfico está dedicado a la vida y obra de Guido Gezelle (1830-1899), uno de los poetas

flamencos más aclamados, y se levanta en la casa donde nació y vivió, en uno de los barrios más populares y tranquilos de Brujas. Aquí descubrirá su vida y su obra, desde cinco temas. Detrás de la casa hay un jardín umbrío, una oda a la naturaleza que inspiró Gezelle, con la obra de Jan Fabre *El hombre que echa fuego* como foco central.

ABIERTO > De martes a domingo, 9:30-12:30h y 13:30-17:00h (abierto el lunes de Pascua y de Pentecostés; el 24/12 y el 31/12, hasta las 16:00h); ya no se podrá acceder a partir de 30 minutos antes del cierre

DÍAS ESPECIALES DE CIERRE >
El 1/1, el 21/5 (13:00-17:00h) y el 25/12
PRECIO > 4,00 €; 65+ y jóvenes de 18 hasta 25 años: 3,00 €; niños hasta 17 años: gratis
INFO > Rolweg 64, tel. +32 (0)50 44 87 11, www.museabrugge.be

24 Groeningemuseum (Museo Groeninge)

El Museo Groeninge contiene una variada oferta de obras que resume la historia del arte belga. El punto central son las obras de mundialmente famosos primitivos flamencos. Aquí podrá disfrutar, entre muchas otras cosas, del cuadro *La Virgen y el Canónigo Joris van der Paele* de Jan van Eyck y el *Tríptico de Moreel* de Hans Memling. Una de las colecciones más bellas del mundo, con hitos sobre la historia del arte europeo. Además, admirará las joyas de los maestros del Renacimiento y el Barroco, obras neoclasicistas de Brujas de los siglos XVIII y XIX y obras maestras del expresionismo flamenco.

ABIERTO > De martes a domingo, 9:30-17:00h (abierto el lunes de Pascua y de Pentecostés; el 24/12 y el 31/12, hasta las 16:00h); ya no se podrá acceder a partir de 30 minutos antes del cierre.

DÍAS ESPECIALES DE CIERRE >
El 1/1, del 20/1 al 31/1, el 21/5 (13:00-17:00h) y el 25/12. Información práctica: en el marco de las tareas de renovación el museo estará cerrado parcialmente del 6/1 al 19/1 y del 1/2 al 11/3.
PRECIO > Incluye visita a la Casa «Arents»: 12,00 €; 65+ y jóvenes de 18 hasta 25 años: 10,00 €; niños hasta 17 años: gratis; entrada combinada posible *(vea la pág. 85)*
IDIOMAS > Audioguía gratis disponible en 4 idiomas
INFO > Dijver 12, tel. +32 (0)50 44 87 11, www.museabrugge.be

25 Gruuthuse-museum (Museo Gruuthuse)

Después de una restauración a fondo, el palacete de los señores de Gruuthuse le llevará a tres periodos cruciales en la historia de Brujas: el periodo de florecimiento borgoñón, los menos conocidos siglos XVII y XVIII y el «redescubrimiento» histórico de la ciudad en el siglo XIX. Cobran vida de la mano de una variada colección de objetos centenarios, cada uno con su propia historia. No se puede perder la auténtica capilla medieval, que conecta con el coro de la Iglesia de Nuestra Señora.
ABIERTO > De martes a domingo, 9:30-17:00h (abierto el lunes de Pascua y de Pentecostés; el 24/12 y el 31/12, hasta las 16:00h); ya no se podrá acceder a partir de 30 minutos antes del cierre
DÍAS ESPECIALES DE CIERRE >
El 1/1, el 21/5 (13:00-17:00h) y el 25/12
PRECIO > 12,00 €; 65+ y jóvenes de 18 hasta 25 años: 10,00 €; niños hasta 17 años: gratis; entrada combinada posible *(vea la pág. 85)*
IDIOMAS > Audioguía gratis disponible en 6 idiomas
INFO > Dijver 17C, tel. +32 (0)50 44 87 11, www.museabrugge.be

07 Heilige Magdalenakerk (Iglesia de Santa Magdalena)

La Iglesia de Santa Magdalena, construida a mediados del siglo XIX, es una de las iglesias neogóticas más antiguas del continente europeo. Los inmigrantes ingleses introdujeron el estilo arquitectónico tan popular en Inglaterra. Un estilo que pronto marcó la imagen urbana de Brujas. Dentro conocerá YOT, una organización que realiza experimentos sobre el significado de la tradición cristiana en la sociedad.
ABIERTO > Desde el 1/1 hasta el 31/3: viernes a lunes, 14:00-17:00h; desde el 1/4 hasta el 30/9: diariamente, 11:00-18:00h; desde el 1/10 hasta el 31/12: diariamente, 13:00-18:00h. La iglesia no es

accesible a los visitantes durante los servicios litúrgicos.
DÍAS ESPECIALES DE CIERRE >
El 1/1, el 24/12, el 25/12 y el 31/12
PRECIO > Gratis
INFO > Stalijzerstraat 19,
tel. +32 (0)50 33 68 18, www.yot.be

Historium Brugge (Historium Brujas)

En el Historium se hace literalmente un viaje en el tiempo. Conocerá, de formas diferentes, una Brujas vibrante durante el Siglo de Oro. *Historium Story* cuenta el romance de Jacob, el aprendiz de Jan van Eyck. Después aprenderá más sobre la Edad Media de Brujas en el *Historium Exhibition*. Con *Historium Virtual Reality* volverá a 1435. Entrará virtualmente en el puerto en barco y pasará volando por los ya desaparecidos Waterhalle y la Catedral de San Donaciano. En *Historium Tower* y desde una torre neogótica de 30 metros verá una bella vista sobre el Markt.
ABIERTO > Diariamente, 10:00-18:00h; ya no se podrá acceder a partir de 1 hora antes del cierre
PRECIO > Todas las entradas del Historium con audioguía (disponible en 10 idiomas): Explorer (Story + Exhibition): 14,00 €; estudiantes: 10,00 €; niños de 3 hasta 12 años: 7,50 €; Time Traveller (Story + Exhibition + Virtual Reality): 17,50 €; Thirsty Time Traveller (igual que Time Traveller + bebida libre en Duvelorium): 19,50 €; Virtual Reality: 7,00 €; Tower: 7,00 €; entrada combinada posible *(vea la pág. 85)*
INFO > Markt 1, tel. +32 (0)50 27 03 11, www.historium.be

09 Hof Bladelin (Corte Bladelin)

Allá por 1440, Pieter Bladelin, tesorero de la orden del Vellocino de Oro, hizo

29 Kantcentrum (Centro del encaje)

El Centro del encaje se ha incorporado a la renovada escuela de encaje de las hermanas apostolinas. En el Museo del encaje en la planta baja se muestra la historia del encaje en Brujas: instalaciones multimedia y testimonios de expertos internacionales se centran en los diversos tipos y su origen geográfico, y en especial sobre lo excepcional del encaje y la escuela de Brujas. En el taller del segundo piso se hacen demostraciones y también se organizan diversos cursos.

ABIERTO > De lunes a sábado, 9:30-17:00h; ya no se podrá acceder a partir de 30 minutos antes del cierre. Demostraciones: de lunes a sábado, 14:00-17:00h

DÍAS ESPECIALES DE CIERRE >
Todos los días de fiesta (belgas), menos el 11/7 y el 15/8

PRECIO > 6,00 €; 65+ y jóvenes de 12 hasta 26 años: 5,00 €; niños hasta 11 años: gratis; entrada combinada posible *(vea la pág. 85)*

INFO > Balstraat 16, tel. +32 (0)50 33 00 72, www.kantcentrum.eu

que se construyera este palacete. Además, en el siglo XV alojó una sucursal del Banco florentino de' Medici. Los retratos en piedra en los medallones de Lorenzo de' Medici y su mujer, una de las primeras obras de arte renacentistas de Brujas, decoran el monumental jardín. A principios del siglo XIX E.H. Leon de Foere fundó aquí su escuela de encaje y amplió las instalaciones con una capilla de estilo clásico. En una de las salas colgó cuadros (finales del XVI, principio del XVII), réplicas de la Habitación de Rafael en el Vaticano.

ABIERTO > Patio interior: diariamente, 14:00-17:00h; salas y capilla: únicamente visitas con guía y con reserva. Información práctica: ahora mismo no se pueden ver las pinturas porque están restaurándose.

DÍAS ESPECIALES DE CIERRE >
Salas y capilla: domingos y festivos

PRECIO > Patio interior: gratis; salas y capilla: previa cita

INFO > Naaldenstraat 19, tel. +32 (0)472 01 74 51, info@bladelin.be

30 Lumina Domestica (Museo de lámparas)

Este Museo de lámparas, con más de seis mil piezas antiguas, es la colección de lámparas más grande del mundo. Le muestra la historia completa de la iluminación: desde la antorcha y la lámpara de aceite hasta la bombilla y las luces LED de última generación. Especialmente agradable es conocer las plantas y animales luminosos. Así, por ejemplo, descubrirá el secreto de la luciérnaga.

ABIERTO > Diariamente, 10:00-17:00h (desde el 1/7 hasta el 31/8, hasta 18:00h); ya no se podrá acceder a partir de 45 minutos antes del cierre
DÍAS ESPECIALES DE CIERRE > El 1/1, del 6/1 al 10/1 y el 25/12
PRECIO > 7,00 €; 65+ y estudiantes: 6,00 €; niños de 6 hasta 11 años: 5,00 €; niños hasta 5 años: gratis; entradas combinadas posibles *(vea la pág. 85)*
INFO > Wijnzakstraat 2, tel. +32 (0)50 61 22 37, www.luminadomestica.be

Onze-Lieve-Vrouw-Bezoekingkerk Lissewege (Nuestra Señora de la Visitación)

La iglesia de ladrillo de Nuestra Señora del siglo XIII se considera un ejemplo del «gótico de la costa». Su interior cuenta con una imagen milagrosa de la Virgen María (1625), un llamativo órgano, un hermoso coro alto y un púlpito (1652) esculpidos. El que se tome la molestia de subir los 264 escalones de la torre llamativamente chata, se le premiará con un amplio panorama del pólder donde

se podrá llegar a ver Brujas.

ABIERTO > Iglesia: desde el 1/5 hasta el 30/9: diariamente, 9:00-18:00h; desde el 1/10 hasta el 30/4: diariamente, 10:00-16:00h. Torre: en los fines de semana 20/6-21/6, 27/6-28/6, 5/9-6/9 y 12/9-13/9 y diariamente desde el 1/7 hasta el 31/8: 14:00-17:30h; se puede entrar hasta 30 minutos antes del cierre

PRECIO > Iglesia: gratis. Torre: 2,00 €; niños hasta 11 años: 0,50 €

INFO > Onder de Toren, Lissewege, tel. +32 (0)50 54 45 44, www.lissewege.be

Onze-Lieve-Vrouwekerk (Iglesia de Nuestra Señora)

La segunda torre de iglesia de ladrillo más alta del mundo de 115,5 metros muestra la profesionalidad del gremio de albañiles de Brujas. Dentro le espera un mundo de tesoros artísticos. La obra maestra absoluta es la mundialmente conocida *Madonna de Brujas* de Miguel Ángel. El rico interior de la iglesia cuenta con innumerables cuadros, panteones con frescos de los siglos XIII y XIV y los mausoleos de María de Borgoña y Carlos el Temerario de los siglos XV y XVI.

ABIERTO > De lunes a sábado, 9:30-17:00h; los domingos, 13:30-17:00h (el 24/12 y 31/12 abierto hasta las 16:00h); ya no se podrá acceder a partir de 30 minutos antes del cierre. La iglesia y el museo no se pueden visitar durante bodas y funerales.

DÍAS ESPECIALES DE CIERRE > Museo: el 1/1, el 21/5 y el 25/12

PRECIO > Iglesia: gratis. Museo: 6,00 €; 65+ y jóvenes de 18 hasta 25 años: 5,00 €; niños hasta 17 años: gratis; se puede comprar un ticket combinado *(vea la pág. 85)*. La venta de las entradas en el pabellón del museo al lado del Museo Gruuthuse.

INFO > Mariastraat, tel. +32 (0)50 44 87 11, www.museabrugge.be

16 35 Onze-Lieve-Vrouw-ter-Potterie (Nuestra Señora de la Potterie)

Este hospital se nombró por primera vez en el siglo XIII. Las hermanas cuidaban a los peregrinos, viajeros y enfermos. Ahora las enfermerías y claustros históricos están llenos de obras artísticas, relictos de convento y de servicios de honor y herramientas médicas de muchos siglos. También merece la pena visitar una iglesia contigua con interior barroco. En el altar encontrará una imagen del milagro del siglo XIII, una de las imágenes conservadas más antiguas de Brujas.

ABIERTO > De martes a domingo, 9:30-12:30h y 13:30-17:00h (abierto el lunes de Pascua y de Pentecostés; el 24/12 y el 31/12, hasta las 16:00h); ya no se podrá acceder a partir de 30 minutos antes del cierre

DÍAS ESPECIALES DE CIERRE > El 1/1, el 21/5 (13:00-17:00h) y el 25/12

PRECIO > Iglesia: gratis. Museo: 6,00 €; 65+ y jóvenes de 18 hasta 25 años: 5,00 €; niños hasta 17 años: gratis

INFO > Potterierei 79B, tel. +32 (0)50 44 87 11, www.museabrugge.be

17 Onze-Lieve-Vrouw-van-Blindekenskapel (Capilla de Nuestra Señora de los Ciegos)

En origen, la capilla de madera de Nuestra Señora de los Ciegos fue construida en 1305 como agradecimiento tras la batalla de Pevelenberg (1304). La capilla actual fue construida en 1651. Para cumplir con la «Promesa de Brujas» pronunciada durante la batalla, cada 15 de agosto desde 1305 sale la procesión de «Blindekens» por las calles de la ciudad. Para ello las mujeres de Brujas ofrecen una vela (de 18 kilos) en la Iglesia de Nuestra Señora de la Potterie.

ABIERTO > Diariamente, 9:00-18:00h
PRECIO > Gratis
INFO > Kreupelenstraat 8, tel. +32 (0)50 32 76 60 o +32 (0)50 33 68 41, www.brugsebelofte.be

Nuevo

32 Musea Sculpta 3D-museum (Museo 3D)

El Museo 3D le muestra de una forma original, las obras maestras de los primitivos flamencos del siglo XV y XVI. Paseará por el *Jardín de las Delicias* de El Bosco, *El juicio final* de Hans Memling y el *Cordero Místico* de Jan van Eyck. Los bajo

relieves únicos en estuco están esculpidos por las manos magistrales de artistas de América, Rusia, Italia y España.
ABIERTO > Diariamente, 10:00-18:00h
PRECIO > Incluye audioguía (disponible en 4 idiomas): 12,00 €; 65+ y estudiantes: 10,00 €; niños de 4 a 11 años: 8,00 €; niños hasta 3 años: gratis
INFO > Mariastraat 10, tel. +32 (0)50 68 45 84, www.museasculpta.be

33 Museum-Gallery Xpo Salvador Dalí

Disfrute en la lonja de una fantástica colección de trabajos gráficos y esculturas del renombrado artista Salvador Dalí. Pieza por pieza, obras de arte recogidas en el *Catalogues Raisonnés* sobre el trabajo de Salvador Dalí. La colección se expone en un decorado extraordinario muy daliniano, con espejos y un color rosa impactante.

ABIERTO > Diariamente, 10:00-18:00h (el 24/12 y el 31/12, hasta 15:30h); ya no se podrá acceder a partir de 30 minutos antes del cierre
DÍAS ESPECIALES DE CIERRE >
El 1/1 y el 25/12
PRECIO > 10,00 €; 65+, estudiantes y jóvenes de 13 hasta 18 años: 8,00 €; niños hasta 12 años: gratis
IDIOMAS > Audioguía disponible en 3 idiomas: 2,00 €
INFO > Markt 7, tel. +32 (0)50 33 83 44, www.dali-interart.be

Nuevo
04 11 Sacred Books | Secret Libraries

Los religiosos residentes en el Convento ingles y de los Carmelitas le invitan a conocer su edificio y forma tradicional de vida. El Convento ingles es conocido por su excepcional iglesia con cúpula;

el Convento de los Carmelitas cuenta con un impresionante refectorio. De la mano de su guía seguirá la senda serena y espiritual, usando los libros como hilo conductor. Por la mañana su visita se acaba conociendo a un monje.

ABIERTO > A partir del 20/2/2020: visita guiada los lunes, miércoles, jueves y sábado, a las 10:00h, 14:00h y 15:00h

PRECIO > Visita guiada de un solo convento: 18,00 €; 65+ y jóvenes de 7 a 18 años: 15,00 €; niños hasta 6 años: gratis. Visita guiada de los dos conventos: 30,00 €; 65+ y jóvenes de 7 a 18 años: 25,00 €; niños hasta 6 años: gratis

IDIOMAS > Neerlandés, francés, inglés

INFO > Carmersstraat 85 (Convento inglés) y Ezelstraat 28 (Convento de los Carmelitas), tel. +32 (0)474 95 13 30

Seafront Zeebrugge

Ya no hay actividades de la lonja de antaño, pero el ambiente sigue vivo. Donde anteriormente se descargaba y clasificaba el pescado, ahora se puede uno perder en las salas temáticas de Seafront. Disfrute del turismo costero de entonces y ahora, y pruebe la rica historia de la pesca. Siga el pescado desde el mar hasta la mesa o pruebe su suerte en la subasta de pescado. No se pierda una de las exposiciones temáticas marítimas temporales. Este año encontrará ahí *Operación Mar del Norte 1944-45* sobre la Batalla del Estuario del Escalda y la exposición *Tesoros del Mar del Norte*, donde conocerá más sobre la rica vida de este mar.

ABIERTO > Diariamente, de 10:00-17:00h (entre el 1/7 y el 31/8, hasta las 18:00h). En invierno hay un horario modificado, antes de su visita compruebe el sitio web.

DÍAS ESPECIALES DE CIERRE > El 1/1, del 6/1 al 24/1 y el 25/12

PRECIO > Con exposiciones: 13,50 €; 60+ y estudiantes: 11,50 €; niños hasta 11 años: 9,50 €; niños hasta 1 metro: gratis

INFO > Vismijnstraat 7, Zeebrugge, tel. +32 (0)50 55 14 15, www.seafront.be

19 Sint-Annakerk (Iglesia de Santa Ana)

Esta simple capilla gótica, construida a principios del siglo XVII, sorprende con su rico interior barroco. Está decorada gracias a las ofrendas de los habitantes prósperos de Brujas. Admire el coro alto de mármol, el enmaderado de roble con confesionarios incrustados, los cuadros de Jan Garemijn y el cuadro más grande de Brujas.

ABIERTO > Desde el 1/1 hasta el 31/3: de viernes a lunes, 13:00-17:00h; desde el

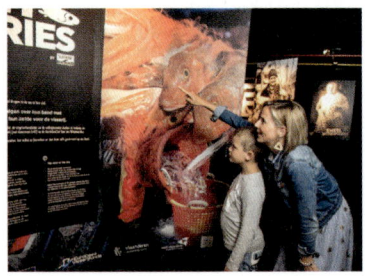

1/4 hasta 30/9: diariamente, 11:00-18:00h; desde el 1/10 hasta el 31/12: diariamente, 13:00-18:00h. La iglesia no es accesible a los visitantes durante los servicios litúrgicos.
DÍAS ESPECIALES DE CIERRE >
El 1/1, el 24/12, el 25/12 y el 31/12
PRECIO > Gratis
INFO > Sint-Annaplein, tel. +32 (0)50 34 87 05, www.sintdonatianusbrugge.be

20 Sint-Gilliskerk (Iglesia de San Gil)

En esta iglesia, la única con una torre con reloj, se encontraban enterrados muchos artistas. Desde Hans Memling pasando por Lanceloot Blondeel hasta Pieter Pourbus. La iglesia se construyó en el siglo XIII y se reformó en el XV. La parte exterior es un bonito ejemplo del sólido gótico de ladrillo, mientras que el interior tiene un look neogótico del siglo XIX.
ABIERTO > Desde el 1/1 hasta el 31/3: de viernes a lunes, 14:00-17:00h; desde el 1/4 hasta 30/9: diariamente, 11:00-18:00h; desde el 1/10 hasta el 31/12: diariamente, 13:00-18:00h. La iglesia no es accesible a los visitantes durante los servicios litúrgicos.
DÍAS ESPECIALES DE CIERRE >
El 1/1, el 24/12, el 25/12 y el 31/12

PRECIO > Gratis
INFO > Baliestraat 2, tel. +32 (0)50 34 87 05, www.sintdonatianusbrugge.be

22 Sint-Jakobskerk (Iglesia de Santiago)

En el segundo cuarto del siglo XIII se declaró la modesta capilla de Santiago como iglesia parroquial, tras lo cual la casa de oración creció en el siglo XV al tamaño actual. La iglesia es conocida por sus muchos tesoros artísticos, concedidos por ricos donantes del vecindario, y arte funerario.
ABIERTO > Desde el 1/1 hasta el 31/3: de viernes a lunes, 14:00-17:00h; desde el 1/4 hasta 30/9: diariamente, 11:00-18:00h; desde el 1/10 hasta el 31/12: diariamente, 13:00-18:00h. La iglesia no es accesible a los visitantes durante los servicios litúrgicos.
DÍAS ESPECIALES DE CIERRE >
El 1/1, el 24/12, el 25/12 y el 31/12
PRECIO > Gratis

INFO > Sint-Jakobsplein 1, tel. +32 (0)50 33 68 41, www.sintdonatianusbrugge.be

Sint-Janshospitaal (Hospital de San Juan)

El Hospital de San Juan es uno de los edificios hospitalarios más antiguos de Europa. Se remonta al siglo XII. Las enfermerías medievales y las correspondientes iglesia y capilla esconden una impresionante colección de documentos, obras de arte, instrumentos médicos, además de seis obras de Hans Memling, incluyendo la Arqueta de Santa Úrsula. Visite también la farmacia del hospital y el ático de Diksmuide, cuya armadura de roble es una de las más antiguas y monumentales de Europa.

ABIERTO > Museo y farmacia: de martes a domingo, 9:30-17:00h (ambos abiertos el lunes de Pascua y de Pentecostés; el 24/12 y el 31/12, hasta las 16:00h); ya no se podrá acceder a partir de 30 minutos antes del cierre

DÍAS ESPECIALES DE CIERRE > El 1/1, el 21/5 (13:00-17:00h) y el 25/12

PRECIO > Incluye visita a la farmacia: 12,00 €; 65+ y jóvenes de 18 hasta 25 años: 10,00 €; niños hasta 17 años: gratis

IDIOMAS > Audioguía gratis disponible en 5 idiomas

INFO > Mariastraat 38, tel. +32 (0)50 44 87 11, www.museabrugge.be

㊴ Sint-Janshuismolen (Molino)

Desde la construcción en el siglo XIII de las murallas de la ciudad numerosos molinos han adornado los límites de esta. Hasta bien entrado el siglo XIX tenían una importante función económica. Hoy en día aún se levantan cuatro de ellos en el Kruisvest. El molino

Sint-Janshuis (1770), el único molino que admite visitantes, se mantiene en su lugar de origen y aún muele el grano.
ABIERTO > Desde el 1/4 hasta el 30/9: de martes a domingo, 9:30-12:30h y 13:30-17:00h (abierto el lunes de Pascua y de Pentecostés); ya no se podrá acceder a partir de 30 minutos antes del cierre
DÍA ESPECIAL DE CIERRE > El 21/5 (13:00-17:00h)
PRECIO > 4,00 €; 65+ y jóvenes de 18 hasta 25 años: 3,00 €; niños hasta 17 años: gratis

INFO > Kruisvest, tel. +32 (0)50 44 87 11, www.museabrugge.be

23 Sint-Salvators-kathedraal (Catedral de San Salvador)

De la catedral, que es la parroquia más antigua de Brujas (siglos XII-XV), destacan la galería con el órgano, las tumbas medievales, los tapices de Bruselas y la rica colección de arte flamenco (siglos XIV-XVIII). La cámara del tesoro alberga, entre otros, algunos cuadros de los primitivos flamencos, como Dirk Bouts y Hugo van der Goes.
ABIERTO > Catedral: de lunes a viernes, 10:00-13:00h y 14:00-17:30h; los sábados, 10:00-13:00h y 14:00-15:30h; los domingos, 11:30-12:00h y 14:00-17:00h. La catedral no es accesible a los visitantes durante los servicios litúrgicos. Cámara del tesoro: diariamente (excepto los sábados), 14:00-17:00h

DÍAS ESPECIALES DE CIERRE > Catedral (por la tarde) y cámara del tesoro (todo el día): el 1/1, el 21/5, el 24/12 y el 25/12
PRECIO > Catedral y cámara del tesoro: gratis
INFO > Steenstraat, tel. +32 (0)50 33 61 88, www.sintsalvator.be

24 Sint-Walburgakerk (Iglesia de Santa Walburga)

En 1619 Pieter Huyssens, un fraile de Brujas, recibió el encargo de construir una iglesia prestigiosa, que representara los valores de la orden jesuita. El resultado, la Iglesia de Santa Walburga, es la obra más rica y pura del barroco en Brujas. Admire la dinámica fachada, los muchos detalles arquitectónicos del interior y el adornado mobiliario de la iglesia.

ABIERTO > Desde el 1/1 hasta el 31/3: de viernes a lunes, 14:00-17:00h; desde el 1/4 hasta el 30/9: diariamente, 11:00-18:00h; desde el 1/10 hasta el 31/12: diariamente, 13:00-18:00h. La iglesia no es accesible a los visitantes durante los servicios litúrgicos.
DÍAS ESPECIALES DE CIERRE > El 1/1, el 24/12, el 25/12 y el 31/12
PRECIO > Gratis
INFO > Sint-Maartensplein, tel. +32 (0)50 34 87 05, www.sintdonatianusbrugge.be

08 42 Stadhuis (Ayuntamiento)

El Ayuntamiento monumental (1376-1421) es uno de los consistorios más antiguos de los Países Bajos. Desde aquí se gobierna la ciudad durante ya más de 600 años. Algo que no se debe perder es la Sala Gótica, con su impresionante bóveda y murales del siglo XX sobre la historia de Brujas. En la sala histórica de al lado la historia municipal de Brujas cobra vida gracias a documentos y pinturas originales. En la planta baja se encontrará con retratos de soberanos a tamaño natural y podrá echar un vistazo a la evolución de la Plaza Burg.

ABIERTO > Diariamente, 9:30-17:00h (el 24/12 y el 31/12, hasta las 16:00h); ya no se podrá acceder a partir de 30 minutos antes del cierre. La Sala Gótica y la sala histórica no son accesibles a los visitantes durante los matrimonios.
DÍAS ESPECIALES DE CIERRE > El 1/1, el 21/5 (13:00-17:00h) y el 25/12
PRECIO > Incluye visita al Franconato de Brujas: 6,00 €; 65+ y jóvenes de 18 hasta 25 años: 5,00 €; niños hasta 17 años: gratis
IDIOMAS > Audioguía gratis disponible en 5 idiomas

INFO > Burg 12, tel. +32 (0)50 44 87 11, www.museabrugge.be

🛜 ㊹ Volkskundemuseum (Museo de Cultura Popular)

En estas casitas restauradas de los obreros descubrirá la vida diaria en Brujas durante el siglo XIX y el principio del siglo XX. Podrá entrar en una clase, taller de sastre, farmacia, confitería y herboristería. El piso superior se reserva para exposiciones temporales. Cada primer y tercer jueves del mes un maestro confitero llena las salas del museo con aromas dulces. Siempre se puede tomar una pausa en el parador del museo y en el monumental jardín, donde podrá jugar con juegos populares e infantiles.

ABIERTO > Museo y taberna: de martes a domingo, 9:30-17:00h (abierto el lunes de Pascua y de Pentecostés; el 24/12 y el 31/12, hasta las 16:00h); ya no se podrá acceder a partir de 30 minutos antes del cierre

DÍAS ESPECIALES DE CIERRE >
El 1/1, el 21/5 (13:00-17:00h) y el 25/12

PRECIO > 6,00 €; 65+ y jóvenes de 18 hasta 25 años: 5,00 €; niños hasta 17 años: gratis; entrada combinada posible (ver pág. 85)

INFO > Balstraat 43, tel. +32 (0)50 44 87 11, www.museabrugge.be

04 45 Xpo Center Bruges

En el sitio histórico del Antiguo Hospital de San Juan encontrará la exposición permanente, Expo Picasso, con 300 obras gráficas del maestro español Pablo Picasso. Además de esta exposición permanente, las salas de enfermería del siglo XIX son cada año el decorado de fascinantes muestras temporales. Este año encontrará aquí de mayo a noviembre la fascinante exhibición *El ejército de terracota del emperador Qin*, una exposición sobre uno de los hallazgos arqueológicos más importantes del mundo.

ABIERTO > Del 1/5 al 30/11: 10:00-17:00h. Mire el horario de apertura del 1/12 al 30/4 en el sitio web.

DÍAS ESPECIALES DE CIERRE >
El 1/1, del 6/1 al 31/1 y el 25/12

PRECIO > Picasso: 10,00 €; 65+ y jóvenes de 6 hasta 18 años: 8,00 €. Exposición El ejército de terracota: 14,00 €; 65+ y jóvenes de 6 hasta 18 años: 12,00 €. Todo inclusive: 17,50 €; 65+ y jóvenes de 6 hasta 18 años: 15,50 €. Niños hasta 5 años: gratis

INFO > Site Oud Sint-Jan, Mariastraat 38, tel. +32 (0)50 47 61 00, www.xpo-center-bruges.be

¿LE GUSTARÍA HACER UNA VISITA GUIADA POR EL MUSEO?

Vaya a www.visitbruges.be/ticketshop. Aquí encontrará no solo una amplia oferta de paseos temáticos y urbanos guiados, sino también visitas guiadas por museos, que podrá reservar inmediatamente en línea.

Así puede reservar en un santiamén un guía para una visita guiada en el imprescindible Museo Groeninge.

¡APROVECHE LAS VENTAJAS!

» Musea Brugge Card
Con la Musea Brugge Card puede visitar de manera ilimitada todos los museos que componen la red Musea Brugge (www.museabrugge.be) por solo 28,00 €. Los jóvenes de 18 hasta 25 años pagan 22,00 €. El pase es válido tres días consecutivos y está a la venta en todas las localidades de Musea Brugge (excepto en el Franconato de Brujas y el Molino Sint-Janshuis), en la 🛈 oficina de información Markt (Historium) y en la 🛈 oficina de información 't Zand (Sala de conciertos).

» Tarjetas de descuento con alojamientos
Disfrute de descuentos en las entradas de varios museos, lugares de interés y atracciones gracias a la tarjeta gratis Dicover Bruges que recibirá si se aloja en los hoteles de la red vzw Hotels Regio Brugge (www.discoverbruges.com) o con la tarjeta gratis Bruges Advantage City Card que recibirá si se aloja en un B&B, alojamiento vacacional o pensión miembro del vzw Gilde der Brugse Gastenverblijven (www.iambruges.com).

» Entrada combinada Museo Gruuthuse/Iglesia de Nuestra Señora
Visite el Museo Gruuthuse, totalmente renovado, uno de los edificios que más despierta la imaginación de Brujas. Y visite de paso la impresionante Iglesia de Nuestra Señora con su torre de ladrillo de 115,5 metros y sus tesoros artísticos. La entrada para los dos cuesta 14,00 € y se puede comprar en el pabellón del museo al lado del Palacete Gruuthuse.

» Entrada combinada Historium/Museo Groeninge
Viva en el Historium la edad dorada de Brujas con la pintura *La Virgen y el Canónigo Joris van der Paele* de Jan van Eyck como hilo conductor. Admire esta pieza de arte en vivo en el Museo Groeninge, junto a muchas otras obras de los primitivos flamencos. La entrada combinada es 22,00 € y solo se puede adquirir en el Historium.

» Entrada combinada Choco-Story/Museo del diamante
Combine una exquisita visita al museo Choco-Story con un reluciente paseo por el Museo del diamante. La entrada combinada cuesta 17,00 € (con demostración de talle de diamantes) y se puede comprar en los mismos museos.

» Entrada combinada Choco-Story/Lumina Domestica/Museo de la patata frita
Visite estos tres museos a un precio reducido.
> Entrada combinada Choco-Story/Lumina Domestica y entrada combinada Choco-Story/Museo de la patata frita: 14,50 €; 65+ y estudiantes: 11,50 €; niños de 6 hasta 11 años: 8,50 €; niños hasta 5 años: gratis
> Entrada combinada 3 museos: 16,50 €; 65+ y estudiantes: 13,50 €; niños de 6 hasta 11 años: 10,50 €; niños hasta 5 años: gratis

Las entradas combinadas se pueden comprar en la 🛈 oficina de información 't Zand (Sala de conciertos) o en los mismos museos.

» Entrada combinada Centro del encaje/Museo de Cultura Popular
El Centro del encaje, donde se muestran encajes de la colección de Museos de Brujas, es un buen complemento a su visita al Museo de Cultura Popular, donde podrá ver, entre otras cosas, una sastrería tradicional. Entrada combinada: 10,00 €, a la venta en uno de los dos museos.

Cultura y eventos

Auditorio, Sala de conciertos

La vida cultural de Brujas es rica y del más alto nivel. Los amantes de la arquitectura pueden admirar la Sala de conciertos mientras disfrutan de un concierto de calidad o un espectáculo de danza a nivel internacional. Almas más románticas eligen una velada con clase en el elegante Teatro Municipal, y los amantes del jazz se sienten como en casa en el centro artístico KAAP. Para la gente joven la sala MaZ es el lugar por excelencia.

BRUJAS, CIUDAD DE LA MÚSICA CLÁSICA
Sounds great!

Brujas impresiona en primer lugar por su clasicismo en piedra y románticos paisajes urbanos, pero, ¿sabía que la ciudad también disfruta de una fama en el campo de la música clásica? Esa reputación se remonta al medievo, cuando renombrados polifonistas flamencos se daban la gran vida en los palacios urbanos de los acaudalados borgoñones. Pero también hoy puede disfrutar de la ciudad a ritmo de música clásica.

Así, todas las semanas el carillón de Brujas en el Campanario deja oír sus notas por toda la ciudad y puede disfrutar en la Catedral de San Salvador del centenario órgano durante la serie de conciertos anuales. En la Sala de conciertos, los amantes de la música pueden descubrir obras maestras en el mejor de los entornos. El edificio con una arquitectura contemporánea y llamativa es símbolo de una acústica excelente. Y eso también lo saben los integrantes de la renombrada orquesta sinfónica de la Sala de conciertos, Anima Eterna Brugge, que se distingue por sus interpretaciones en instrumentos históricamente correctos. También el prestigioso MAfestival se celebra en Brujas. El famoso festival de música antigua presenta cada verano un amplio abanico de conciertos y actividades con Brujas y alrededores como telón histórico de fondo.

Y con el Concertgebouw Circuit, se puede apreciar Brujas como ciudad de la música clásica, porque gracias a una original ruta sensorial, conocerá cómo funciona la Sala de conciertos *(lea más en las pág. 66-67)*.

¿Qué hay en el programa en 2020?

Este es un listado de los eventos más importantes en Brujas. ¿Quiere saber qué puede hacer en Brujas durante su estancia? Vaya a www.visitbruges.be e imprima las opciones que quiera o entre en una de las 🛈 oficinas de información Markt (Historium), Estación de trenes (acceso a las vías, salida al centro) y en 't Zand (Sala de conciertos). En esta última oficina venden también las entradas para los eventos.

Enero
Bach Academie Brugge
15/1/2020 al 19/1/2020
La décima edición de Bach Academie Brugge echa un vistazo a la vida privada de Bach y su familia. Además, la Sala de conciertos rinde homenaje a su invitado de honor, Philippe Herreweghe, cuyo Collegium Vocale Gent cumple cincuenta años en el 2020.
INFO > www.concertgebouw.be
(Lea más sobre la música antigua en la entrevista con Ayako Ito en la pág. 118-119.)

Febrero
**Brugs Bierfestival
(El Festival de la Cerveza en Brujas)**
1/2/2020 y 2/2/2020
Durante todo un fin de semana, Brujas le presenta más de cuatrocientas cervezas impresionantes de ochenta fábricas belgas de cerveza. Una delicia para las papilas gustativas.
INFO > www.brugsbierfestival.be

**Kamermuziekfestival Têtes-à-Têtes
(Festival de música de cámara
Têtes-à-Têtes)**
1/2/2020 al 29/2/2020
Nada de abrumadoras orquestas, pero sí 17 experiencias musicales intensas en la Sala para música de cámara de la Sala de conciertos. El íntimo contacto con los músicos y resto del público le da una dimensión especial, así como el cristal en el bar panorámico con unas vistas espectaculares de la ciudad.
INFO > www.concertgebouw.be

(B)its of Dance
26/2/2020 al 29/2/2020
Durante este festival unen sus fuerzas tres socios de la Danza en Brujas: Sala de conciertos de Brujas, Centro cultural de Brujas y KAAP para darles una oportunidad a nuevas iniciativas artísticas jóvenes.
INFO > www.ccbrugge.be

Abril
**Pianofestival Too many keys
(Festival de piano Too many keys)**
10/4/2020 y 11/4/2020
Seis pianistas interpretan obras de pioneros tales como Steve Reich y Philip Glass, o genios desconocidos como Julius Eastman y Kate Moore, de una forma excepcional. El segundo día el foco de atención es la música de Erik Satie.
INFO > www.concertgebouw.be

BRUJAS, LA CUNA DE MAESTROS FLAMENCOS

» *Jan van Eyck in Bruges*, del 12/3/2020 al 12/7/2020
» *Memling Now: Hans Memling en el arte contemporáneo*, del 4/4/2020 al 6/9/2020
» *El cielo en pocas palabras. Arte y devoción en la era de la Borgoña*, del 1/10/2020 al 1/2/2021

A finales del medievo los duques de Borgoña, desde la Corte de los Príncipes de Brujas, encargaban obras a los maestros flamencos más renombrados, como Jan van Eyck. 2020 es el «año de van Eyck», el año en que Brujas lo celebra a lo grande con al menos tres exposiciones que se centran en el buen vivir de la Borgoña y la pintura de los primitivos flamencos. La exposición «Jan van Eyck in Bruges» en el Museo Groeninge se centra sobre todo en dos de sus obras: la *Virgen y el Canónigo Joris van der Paele* y el *Retrato de Margarita van Eyck*. Van Eyck influyó a otros pintores, como Hans Memling. Y cómo este último inspiró a muchos artistas contemporáneos lo descubrirá en la exposición «Memling Now: Hans Memling en el arte contemporáneo», en el Hospital de San Juan. En el mismo lugar y más tarde este año, los exclusivos objetos de devoción de la exposición «El cielo abreviado» recordarán que la floreciente Borgoña de la segunda mitad del siglo XV se volvió cada vez más devota.
INFO > www.museabrugge.be

MOOOV Filmfestival (El festival de cine MOOOV)
21/4/2020 al 1/5/2020
MOOOV vuelve a proyectar en Cinema Lumière las mejores películas de todos los rincones del mundo. Desde thrillers argentinos hasta humor surcoreano: ¡descúbralo todo en el Festival de cine MOOOV!
INFO > www.mooov.be

Mayo
Meifoor (La Feria de Mayo)
1/5/2020 al 24/5/2020
Durante un período de tres semanas unas noventa atracciones de feria se instalan en la plaza de 't Zand, Koning Albertpark, Beursplein, Hauwerstraat y el Simon Stevinplein.

Airbag Festival (Festival de acordeón)
10/5/2020 al 2/6/2020
Esta bienal internacional de acordeón ya celebra su novena edición. Esta vez cuenta con el virtuoso del acordeón Philippe Thuriot como curador.
INFO > www.ccbrugge.be/airbag

GOLD
20/5/2020 al 24/5/2020
Un festival de polifonía que reúne lo más bello del Siglo de Oro de Brujas: la fascinante historia de la ciudad, el emotivo patrimonio, los tesoros artísticos y, sobre todo, la música. Esta segunda edición se ve marcada por el *Lucca Choirbook* de Brujas.
INFO > www.concertgebouw.be

UNA PROCESIÓN MILENARIA
21/5/2020

Cada año el Día de la Ascensión sale la Procesión de la Santa Sangre por el centro de Brujas, y ya desde el final del siglo XIII. Participan más de 1700 cantantes, músicos, bailarines y actores. Primero se muestran escenas bíblicas del Antiguo y el Nuevo testamento. Después la procesión cuenta cómo la reliquia de la Santa Sangre acabó en Brujas. Teodorico de Alsacia, conde de Flandes, habría recibido durante la segunda cruzada (1146) unas gotas de la sangre de Cristo del patriarca de Jerusalén. En la última parte algunos hermanos de la Noble Hermandad de la Santa Sangre acompañarán el relicario donde se guarda la preciada reliquia. La reliquia se llevó a Brujas en 1150 donde se venera en la Basílica de la Santa Sangre.

Junio

Budapest Festival
4/6/2020 al 7/6/2020

Festival de música con conciertos de la renombrada Budapest Festival Orchestra bajo la dirección de Iván Fischer, que a través del festival quiere poner en contacto a las jóvenes generaciones con la música clásica.
INFO > www.concertgebouw.be

Feest in 't Park (Fiesta en el parque)
27/6/2020

Festival gratis con música del mundo. Para muchos se ha convertido en un ritual para empezar su verano.
INFO > www.feestintpark.be

Julio

Navy Days
4/7/2020 y 5/7/2020

En Zeebrugge pasará de un barco impresionante a otro, siguiendo las instrucciones de marineros belgas e internacionales. Con un sinfín de exposiciones y manifestaciones.
INFO > www.mil.be/navycomp

Zandfeesten (Fiestas en la plaza 't Zand)
Principios de julio

Este mercado de antigüedades y curiosidades, el más grande de Flandes, tiene lugar en la plaza de 't Zand y atrae a compradores de fuera de las fronteras.

Cactusfestival
10/7/2020 al 12/7/2020

Festival de música al aire libre lleno de ambiente en el parque Minnewater, con una mezcla de música actual en toda su diversidad. De renombre internacional, pero agradable. Un festival de proporciones humanas que despierta todos los sentidos, además del escenario, con una amplia oferta gastronómica.
INFO > www.cactusfestival.be

CONCIERTOS DE CARILLÓN

Puede disfrutar de los conciertos de carillón gratuitos durante todo el año, los miércoles, sábados y domingos de 11:00h a 12:00h. Desde mediados de junio hasta mediados de septiembre también se dan conciertos nocturnos: los lunes y miércoles de 21:00h a 22:00h. Un lugar ideal para escuchar es el patio interior del Campanario.
INFO > www.carillon-brugge.be

Cirque Plus
24/7/2020 al 26/7/2020
Festival de circo gratis con artistas belgas y extranjeros en un marco incomparable: el jardín del Seminario Mayor.
INFO > www.cirqueplus.be

Agosto
MOODS!
31/7/2020 al 13/8/2020
Eventos musicales y espectáculos en marcos incomparables del centro de Brujas, como el patio interior del Campanario y la plaza Burg. Puede deleitarse con uno de los conciertos nocturnos de renombrados artistas nacionales e internacionales rodeado de un entorno único.
INFO > www.moodsbrugge.be

MAfestival
31/7/2020 al 9/8/2020
Este reconocido festival de Música Antigua – de ahí el nombre MA – reúne cada año a los mejores del mundo en Brujas y la campiña de Brujas.
INFO > www.mafestival.be

Zandfeesten (Fiestas en la plaza 't Zand)
Principios de agosto
Mercado de antigüedades y curiosidades en la plaza 't Zand.

Brugse Kantdagen (Días del encaje)
13/8/2020 al 16/8/2020
La plaza Walplein y los edificios de la cervecería De Halve Maan rezuman el arte del encaje, con puestos de información y exposición, venta de encaje y demostraciones.
INFO > www.kantcentrum.eu
(Lea más sobre el encaje y el Centro del encaje en la pág. 73.)

Benenwerk – Ballroom Brugeoise
15/8/2020
¡Saque a su mejor bailarín! Bandas de música en directo y pinchadiscos repartidos por la ciudad le acompañan en este maratón del baile en diferentes salones con la música de baile más diversa.
INFO > www.benenwerk.be

Lichtfeest (Fiesta de la Luz)
21/8/2020 y 22/8/2020
Lissewege, el «pueblo blanco del pólder» se vuelve a cubrir en un manto de luz y cordialidad. En cuanto cae la noche, puede disfrutar gratis de música, instalaciones con fuego y luz, pasacalles y cientos de velas en el pueblo.
INFO > www.lichtfeestlissewege.be

SIMON STEVIN, 1620-2020
28/8/2020 al 29/11/2020

El científico nacido en Brujas, Simon Stevin (1548-1620) se mudó alrededor del 1571 a lo que en la actualidad es los Países Bajos y llegó a convertirse en asesor del Príncipe Mauricio. Con sus nuevos enfoques, enriqueció nuevos campos, como la ingeniería civil, navegación, contabilidad, física, ciencia militar, arquitectura, urbanismo, ciencias políticas y matemáticas. Todas las ideas las formulaba en neerlandés, como respuesta a preguntas concretas de comandantes del ejército, ingenieros y administradores. Una exposición en el Archivo de la ciudad presenta por primera vez todas las obras y manuscritos de Simon Stevin, y también su vida y las obras publicadas sobre él. Sabrá más sobre la escultura que lleva su nombre en la plaza Simon Stevin y cómo su forma de ver las cosas y descubrimientos todavía están presentes en la vida de hoy en día.

Septiembre

Open Monumentendag (Día de los Monumentos)
12/9/2020 y 13/9/2020
Brujas abre durante el segundo fin de semana de septiembre las puertas de sus monumentos al público por 32ª vez.
INFO > www.bruggeomd.be

Zandfeesten (Fiestas en la plaza 't Zand)
Finales de septiembre
Mercado de antigüedades y curiosidades en la plaza 't Zand.

Kookeet (Cocinar y comer)
26/9/2020 al 28/9/2020
Para su décima edición, el evento Kookeet se muda al Seminario Mayor, con espacios naturales de exterior y espacios acogedores de interior. En esta celebración gastronómica los mejores chefs de Brujas y su «inspirador» Wim Lybaert sirven un recorrido de sensaciones y experiencias en la comida y la buena mesa. Un festival culinario para todas las edades. *(Siga leyendo en pág. 101)*
INFO > www.kookeet.be

Octubre

Iedereen Klassiek (Clásicos para todos)
31/10/2020
Quien estuviera en pasados años sabe que este festival envuelve todo y a todos en la belleza de la música clásica. La emisora de música clásica Klara y la Sala de conciertos de Brujas vuelven a contar con un desbordante programa por todo el casco antiguo.
INFO > www.concertgebouw.be

Noviembre

Wintergloed (Esplendor de invierno)
Desde finales de noviembre de 2020 hasta enero de 2021
El invierno en Brujas se cubre de un manto renovado y de calidad. A partir de ahora se puede sumergir en una experiencia invernal sostenible que

responde al ADN de la ciudad. Venga a calentarse con nuestra esplendor de invierno.
INFO > www.visitbruges.be

Diciembre
December Dance
3/12/2020 al 13/12/2020
El festival de varios días reúne primicias (mundiales, obras de personalidades establecidas y de jóvenes talentos en diversos escenarios de la ciudad.
INFO > www.decemberdance.be

Todas las fechas y los eventos están sujetos a modificaciones.

CONCIERTOS MAGISTRALES EN LA CATEDRAL
Abril a septiembre

Durante más de sesenta años numerosos organistas, coros y solistas de renombre de Bélgica y el extranjero dan lo mejor de sí durante los conciertos en la Catedral de San Salvador *(ver también la pág. 81-82)*. Marcel Dupré, uno de los grandes virtuosos de órgano del siglo XX, tocaba en el antiquísimo órgano. Un disfrute cultural que no se puede perder.
INFO > www.kathedraalconcerten.be

Casas de la cultura

♿ 📶 ⑰ Concertgebouw (Sala de conciertos)

Aquí se disfruta de lo más selecto de la música y danza contemporánea. El impresionante Auditorio (1289 asientos) y su más pequeña Sala para música de cámara (capacidad para 322 personas) son famosos por la excelente calidad de su acústica. Además, también puede admirar diversas obras de arte contemporáneo. Eche durante el día un vistazo entre bastidores, gracias al Concertgebouw Circuit *(ver las pág. 66-67)*.
INFO Y TICKETS > 't Zand 34, durante las horas de apertura del Concertgebouw Circuit o tel. +32 (0)70 22 12 12 (lunes a viernes, 14:00-17:00h), www.concertgebouw.be

📶 ㉘ KAAP

Con intensas colaboraciones y un programa en texto, imágenes y música, KAAP, centro de arte contemporáneo, quiere jugar un papel importante en el debate social y llegar, causar admiración, inspirar y unir a la gente. Cuenta con dos ubicaciones en Brujas. Los jóvenes artistas y *performers* trabajan en *De Groenplaats* y pueden montar sus creaciones con total libertad. Si quiere ir a una obra chispeante de teatro y jazz de cualquier rincón del mundo el sitio es *De Werf*.
INFO Y TICKETS > Werfstraat 108, tel. +32 (0)70 22 12 12 (lunes a viernes, 14:00-17:00h), www.kaap.be

Sala para música de cámara, Sala de conciertos

Teatro Municipal

♿ 📶 31 Magdalenazaal (MaZ, Sala Magdalena)

Gracias a su diseño arquitectónico, la «caja negra» MaZ es el lugar ideal para diferentes eventos. El Centro Cultural de Brujas y el Centro Musical Cactus organizan conciertos de música pop y rock en esta sala, tanto con nombres conocidos como con talentos por descubrir. Y también artistas de teatro, de circo y de danza encuentran aquí una plataforma para su arte. Y por último, no olvidar los espectáculos para niños y familias.
INFO > Magdalenastraat 27, Sint-Andries
TICKETS > Tel. +32 (0)50 44 30 60 (martes a viernes, 13:00-17:00h; los sábados, 16:00-19:00h; cerrado desde el 1/7 hasta el 15/8 y en días festivos), www.ccbrugge.be

♿ 🚫 📶 43 Stadsschouwburg (Teatro Municipal)

En 2019 el Real Teatro Municipal de Brujas cumplió 150 años y es uno de los teatros mejor conservados de Europa. Detrás de la sobria pero impresionante fachada neorrenacentista de este teatro real, se esconden un vestíbulo palaciego y una sala majestuosa en rojo y oro. Se organizan aquí espectáculos de danza y teatro contemporáneos y todo tipo de conciertos. Para celebrar su 150 aniversario, hasta junio de 2020 hay diversos proyectos festivos en el programa.
INFO > Vlamingstraat 29
TICKETS > Tel. +32 (0)50 44 30 60 (martes a viernes, 13:00-17:00h; los sábados, 16:00-19:00h; cerrado desde el 1/7 hasta el 15/8 y en días festivos), www.ccbrugge.be

De compras en Brujas

Hoogstraat

Se suele asociar Brujas con la destreza y la maestría de gremios de la Edad Media pero también hoy en día es un criadero de empresarios creativos. Encontrará innumerables tiendecillas auténticas con ese toque especial, intercaladas con galerías de arte de renombre y anticuarios. El ir de compras en Brujas supone una exploración de rincones originales y a la última, direcciones vintage que funcionan como mayoristas de la nostalgia y clásicos que llevan décadas en las manos de la misma familia.

EN EL PUNTO DE MIRA

HANDMADE IN BRUGGE
Ciudad de la inspiración artesana

En Brujas, encontrará artesanos entregados e inspirados, que demuestran día a día que la artesanía tiene un futuro y que el saber hacer de Brujas es atemporal. Handmade in Brugge en Brujas ofrece a los artesanos manuales y que usan productos locales la marca Handmade in Brugge. La guía Handmade in Brugge está disponible en neerlandés, frances, alemán y inglés y la puede recoger gratis en las 🛈 oficinas de información. En el mapa de la guía están indicadas las múltiples tiendas y talleres artesanales para que las encuentre fácilmente. Seguro que acabará comprando un regalo original y artesanal para usted o para alguien de la familia.

Dé un paseo también por De Makersrepubliek en la calle Academiestraat 14, un centro abierto para los artesanos de Brujas, jóvenes empresarios y empresas de nueva creación. La oficina central de «Handmade in Brujas» está en Sint-Jakobsstraat 36 (www.handmadeinbrugge.be).

Vaya a la pág. 99 y déjese inspirar con tiendas especializadas y descubra todo sobre #LocalLove y #ArtandAntiques.

¿Dónde ir de compras?

Gracias a que Brujas es una ciudad muy agradable para pasear y las principales calles comerciales están conectadas unas con otras, ir de compras por la ciudad es especialmente fácil. Las calles comerciales más importantes (marcadas en amarillo en el plano desplegable de la ciudad) se encuentran entre la plaza del Markt y las antiguas puertas de la ciudad: Steenstraat, Simon Stevinplein, Mariastraat, Zuidzandstraat, Sint-Jakobsstraat, Sint-Amandsstraat, Geldmuntstraat, Noordzandstraat, Smedenstraat, Vlamingstraat, Academiestraat, Philipstockstraat, Hoogstraat, Langestraat y Katelijnestraat. Entre las calles Noordzandstraat y Zuidzandstraat se esconde el centro comercial de Zilverpand. Cada barrio tiene su propio estilo. En la calle Steenstraat y alrededores encontrará las marcas más conocidas, en la Langestraat las tiendas de segunda mano y curiosidades. Los grandes supermercados están fuera del centro de la ciudad.

¿Cuándo ir de compras?

La mayoría de las tiendas abren sus puertas a las 10:00h y cierran a las 18:00h o 18:30h, de lunes a sábado. Pero incluso los domingos no hace falta salir de Brujas con las manos vacías. Muchos negocios ya están abiertos los domingos, pero los «domingos de compras» (el primer domingo del mes, de 13:00h a 18:00h, siempre que no sea festivo) hay muchos más. Para que el hacer compras sea aún más agradable, las siguientes calles comerciales tienen un régimen «amable» de circulación los sábados por la tarde y los domingos comerciales (de 13:00h a 18:00h): Zuidzandstraat, Steenstraat, Geldmuntstraat y Noordzandstraat.

Recuerdos típicos de Brujas

Brujas ya era reconocida en el siglo XIV como un importante centro comercial del diamante; la ciudad incluso contaba con varios expertos en el pulido de esta piedra preciosa. En el Museo del diamante de Brujas, aprenderá como evaluar este arte de lujo y belleza. Antes de

---

> **CONSEJO**
>
> ¿Está buscando divertidas direcciones de compras? Las encontrará en el capítulo "Consejos de los conocedores de Brujas" en las pág. 110-111, 116-117, 122-123, 128-129, 134-135.

TIENDAS AUTÉNTICAS Y DELICADOS TESOROS DE ARTE

Tiendas con carácter donde los habitantes de la ciudad también compran, las encontrará gracias al mapa #LocalLove. Aquí descubrirá tiendas especializadas, que llevan al menos cinco años en manos de empresarios locales o artesanos creativos de Brujas. Amantes de objetos de arte, fotografía, pinturas, etc. pueden usar el mapa de la ciudad #ArtandAntiques para conocer la oferta única y de calidad de numerosas galerías de arte y anticuarios que enriquecen las calles de Brujas.
Entre en una de las oficinas de información para recoger gratis su mapa #LocalLove y #ArtsandAntiques.

comprar podrá juzgar cual experto la tienda del museo y las joyerías de la ciudad. *Más información sobre el Museo del diamante en las pág. 67-68.*

El encaje también está vinculado a Brujas desde tiempos inmemoriales. Hubo un tiempo cuando un cuarto de las mujeres de Brujas eran encajeras. Hoy en día aún puede ver alguna encajera en acción en una de las tiendas de la ciudad. *Más información sobre el Centro del encaje de Brujas en la pág. 73.*

A los habitantes de Brujas les gusta tomar una buena cerveza. La ciudad deja el pabellón alto con una serie de cervezas locales, que se fabrican en De Halve Maan y la Bourgogne des Flanders, ambas en el casco antiguo y la cervecería Fort Lapin a las afueras. ¿Le hemos convencido? No se pierda tampoco la Bruges Beer Experience en el Markt. *En las pág. 63-65 encontrará más información sobre De Halve Maan y Bourgogne des Flandres y sobre el Bruges Beer Experience; más información sobre la cervecería Fort Lapin en www.fortlapin.com.*

Los más golosos pueden dirigirse a una de las más de 50 tiendas de chocolate. Ofrecen algo para todos los gustos. ¿Sabía que Brujas le puede ofrecer diversos chocolates, desde un praliné (el «Brugs Swaentje», elegido por los mismos habitantes de Brujas como el más delicioso de una selección de candidatos) hasta un chocolate de la ciudad («Sjokla», con cacao de comercio justo)? *Más información sobre el chocolate en la pág. 66.*

Sjokla

La Brujas gastronómica

Brujas es, con una serie de impresionantes restaurantes de primera, un paraíso para los amantes de la buena mesa. La oferta culinaria varía desde establecimientos con estrella Michelín de proyección internacional pasando por elegantes brasseries hasta especialidades deliciosas de la cocina belga e internacional.

NUEVA RECETA PARA KOOKEET

La gran celebración de la gastronomía en Brujas busca un espacio fijo en el Seminario Mayor – 26, 27 y 28 septiembre 2020

En los últimos años Kookeet se ha convertido en una celebración anual para los amantes de la buena mesa. Pero Kookeet no es solo un festival de comida. Para la décima edición, el evento culinario busca las historias de fondo de la gastronomía local y tira la casa por la ventana con un recorrido excepcional de experiencias sensoriales de cocina y comida. Los chefs y productores alimentarios con pasión por su trabajo guiarán a los visitantes por sus creativos cuentos de cocinar, hervir, asar, tostar, ahumar o poner al grill. En el renovado concepto también hay espacio para crear sensibilidad sobre el consumo sano, la importancia de las cadenas cortas y la sostenibilidad.

Todas las ediciones se cuenta con la colaboración entre topchefs, panaderos, carniceros, pescaderos y otros productores alimentarios de Brujas para contar una nueva historia culinaria. Cada año los reúne un «inspirador». Wim Lybaert — natural de Brujas, conocido presentador de televisión, amante de la horticultura y cocinero — elige este año como tema «tierra». «La tierra es el origen de todo. Es la base para el huerto, la buena tierra para un vino…», aclara Wim. El tema se siente en cualquier experiencia culinaria: los chefs vuelven a su origen y mientras cocinan comparten con los visitantes lo que les motiva, se presta atención a la producción de los ingredientes y se disfruta verdaderamente de la deliciosa comida con todos los sentidos.

Kookeet quiere volver a la base en todos los niveles. Y aquí no puede faltar una nueva ubicación: el Seminario Mayor, que cuenta tanto como espacios naturales de exterior como acogedores espacios de interior, ideal para una experiencia sencilla, como Kookeet.

Puede leer más información en la pág. 92 y en www.kookeet.be.

Restaurantes reconocidos

» **De Jonkman**   Maalse Steenweg 438, 8310 Sint-Kruis, tel. +32 (0)50 36 07 67, www.dejonkman.be (2 estrellas Michelín, Gault&Millau: 18/20 y Ganador del Premio «Carta de cervezas del año»)

» **Zet'Joe**   Langestraat 11, 8000 Brugge, tel. +32 (0)50 33 82 59, www.zetjoe.be (1 estrella Michelín, Gault&Millau: 17/20)

» **Sans Cravate**   Langestraat 159, 8000 Brugge, tel. +32 (0)50 67 83 10, www.sanscravate.be (1 estrella Michelín, Gault&Millau: 16,5/20)

» **Den Gouden Harynck**   Groeninge 25, 8000 Brugge, tel. +32 (0)50 33 76 37, www.goudenharynck.be (1 estrella Michelín, Gault&Millau: 16/20)

» **Goffin**   Maalse Steenweg 2, 8310 Sint-Kruis, tel. +32 (0)50 68 77 88, www.timothygoffin.be (1 estrella Michelín, Gault&Millau: 15,5/20)

» **Auberge De Herborist**   De Watermolen 15, 8200 Sint-Andries, tel. +32 (0)50 38 76 00, www.aubergedeherborist.be (1 estrella Michelín, Gault&Millau: 15/20)

» **L.E.S.S. Eatery**   't Zand 21, 8000 Brugge, tel. +32 (0)50 69 93 69, www.l-e-s-s.be (1 estrella Michelín, Gault&Millau: 14/20)

» **Bistro Bruut**   Meestraat 9, 8000 Brugge, tel. +32 (0)50 69 55 09, www.bistrobruut.be (Gault&Millau: 15,5/20)

» **Patrick Devos**   Zilverstraat 41, 8000 Brugge, tel. +32 (0)50 33 55 66, www.patrickdevos.be (Gault&Millau: 15/20)

» **Rock-Fort**   Langestraat 15-17, 8000 Brugge, tel. +32 (0)50 33 41 13, www.rock-fort.be (Gault&Millau: 15/20)

» **Floris**   Gistelse Steenweg 520, 8200 Sint-Andries, tel. +32 (0)50 73 60 20, www.florisrestaurant.be (Gault&Millau: 14,5/20)

» **Tête Pressée**   Koningin Astridlaan 100, 8200 Sint-Michiels, tel. +32 (0)470 21 26 27, www.tetepressee.be (Gault&Millau: 14,5/20)

» **Bistro Refter**   Molenmeers 2, 8000 Brugge, tel. +32 (0)50 44 49 00, www.bistrorefter.be (Gault&Millau: 14/20 y seleccionado como Bib Gourmand)

» **bonte B**   Dweersstraat 12, 8000 Brugge, tel. +32 (0)50 34 83 43, www.restaurantbonteb.be (Gault&Millau: 14/20)

» **Franco Belge**   Langestraat 109, 8000 Brugge, tel. +32 (0)50 69 56 48, www.restaurantfrancobelge.be (Gault&Millau: 14/20)

» **Hubert Gastrobar**   Langestraat 155, 8000 Brugge, tel. +32 (0)50 64 10 09, www.gastrobar-hubert.be (Gault&Millau: 14/20)

» **Le Mystique**   Niklaas Desparsstraat 11, 8000 Brugge, tel. +32 (0)50 44 44 45, www.lemystique.be (Gault&Millau: 14/20)

» **Tanuki**   Oude Gentweg 1, 8000 Brugge, tel. +32 (0)50 34 75 12, www.tanuki.be (Gault&Millau: 14/20)

» **Assiette Blanche**   Philipstockstraat 23-25, 8000 Brugge, tel. +32 (0)50 34 00 94, www.assietteblanche.be (Gault&Millau: 13,5/20 y seleccionado como Bib Gourmand)

» **Bistro Rombaux**   Moerkerkse Steenweg 139, 8310 Sint-Kruis,
  tel. +32 (0)50 73 79 49, www.bistrorombaux.be (Gault&Millau: 13/20)
» **Cantine Copine**   Steenkaai 34, 8000 Brugge, tel. +32 (0)470 97 04 55,
  www.cantinecopine.be (Gault&Millau: 13/20)
» **De Mangerie**   Oude Burg 20, 8000 Brugge, tel. +32 (0)50 33 93 36,
  www.mangerie.com (Gault&Millau: 13/20)
» **Goesepitte 43**   Goezeputstraat 43, 8000 Brugge, tel. +32 (0)50 66 02 23,
  www.goesepitte43.be (Gault&Millau: 13/20)
» **Kok au Vin**   Ezelstraat 21, 8000 Brugge, tel. +32 (0)50 33 95 21,
  www.kok-au-vin.be (Gault&Millau: 13/20 y seleccionado como Bib Gourmand)
» **Komtuveu**   Gentpoortstraat 51, 8000 Brugge, tel. +32 (0)495 62 53 29,
  www.komtuveu.com (Gault&Millau: 13/20)
» **La Buena Vista**   Sint-Clarastraat 43, 8000 Brugge, tel. +32 (0)50 33 38 96
  (Gault&Millau: 13/20)
» **La Tâche**   Blankenbergse Steenweg 1, 8000 Sint-Pieters, tel. +32 (0)50 68 02 52,
  www.latache.be (Gault&Millau: 13/20)
» **Lieven**   Philipstockstraat 45, 8000 Brugge, tel. +32 (0)50 68 09 75,
  www.etenbijlieven.be (Gault&Millau: 13/20)
» **Laissez-Faire**   Scheepsdalelaan 12, 8000 Brugge, tel. +32 (0)479 89 19 24,
  www.laissezfaire.be (Gault&Millau: 12/20)
» **Réliva**   Goezeputstraat 6, 8000 Brugge, tel. +32 (0)50 33 13 07,
  www.reliva.be (Gault&Millau: 12/20)
» **The Blue Lobster**   Tijdokstraat 9, 8380 Zeebrugge, tel. +32 (0)50 68 45 71,
  www.thebluelobster.be (Gault&Millau: 12/20)
» **Tom's Diner**   West-Gistelhof 23, 8000 Brugge, tel. +32 (0)50 33 33 82,
  www.tomsdiner.be (Gault&Millau: 12/20)
» **Tou.Gou**   Smedenstraat 47, 8000 Brugge, tel. +32 (0)50 70 58 02,
  www.tougou.be (Gault&Millau: 12/20 y seleccionado como Bib Gourmand)
» **'t Werftje**   Werfkaai 29, 8380 Zeebrugge, tel. +32 (0)497 55 30 10,
  www.twerftje.be (Gault&Millau: 12/20)
» **Quatre Mains**   Philipstockstraat 8, 8000 Brugge, tel. +32 (0)50 33 56 50,
  www.4mains.com (seleccionado como Bib Gourmand)

Puede encontrar más información sobre direcciones recomendadas en el capítulo
"Consejos de los conocedores de Brujas" en las pág. 108-109, 114-115, 120-121,
126-127 y 132-133.

Markt

Consejos de conocedores de **Brujas**

106 Brujas, ciudad patrimonio de la humanidad

112 Los primitivos flamencos en el punto de mira

118 Brujas, centro internacional
para la música clásica

124 Creadores inspiradores en Brujas

130 Buscando tesoros artísticos
y rincones que la inspiren

Brujas, ciudad patrimonio de la humanidad
Sonia Papili descubre la faceta italiana de Brujas

Rozenhoedkaai

Entre semana la italiana Sonia Papili estudia serenamente el Mar del Norte, los fines de semana lleva a sus compatriotas alegremente por la ciudad. Un amor que comenzó tímidamente hace catorce años, pero que hoy arde con más pasión que nunca.

DATOS PERSONALES
Nombre: Sonia Papili
Nacionalidad: italiana
Fecha de nacimiento: 17 de mayo de 1972
Vive desde 2006 en Brujas. Sonia es geóloga y trabaja para el Ministerio de Defensa y como guía diplomada en Brujas.

Dos geólogos: él de a la universidad de Gante, ella de la de Roma. Se conocieron en un barco en Estambul: el hermoso principio de una relación. Tres años más tarde se afincó en Brujas. «Yo conocía Gante mucho mejor, pero a mi marido le parecía que Brujas me pegaba totalmente. ¡Y tenía toda la razón!».

«Mi marido decía que Brujas me pegaba y tenía toda la razón».

Sonia aprendió neerlandés y comenzó a trabajar aquí como geóloga. Entretanto Sonia empezó a sentir curiosidad por la historia de su nueva ciudad. «Así que hice un curso de tres años para convertirme en una guía diplomada de Brujas».

Arte italiano

Sonia pronto descubrió que no era la primera italiana que había perdido su corazón en Brujas. «Desde el siglo XIII al XV, Brujas hacía las veces de importante núcleo comercial que mantuvo fuertes lazos con ciudades italianas, entre otras. Alrededor de 1300, estas ciudades comerciaban por mar y tenían a Brujas como centro neurálgico».

En poco tiempo, otros comerciantes europeos también se acercaron a Brujas, que fue expandiéndose hasta ser un digno oponente de Venecia. Había nacido la «Venecia del Norte».

«Los comerciantes italianos ya han desaparecido, pero sigues sintiendo la presencia italiana en muchos lugares de Brujas», comenta Sonia. «Buenos ejemplos serían la *Madonna de Brujas* de Miguel Ángel en la Iglesia de Nuestra Señora, y la poética *Las venas del monasterio* de Giuseppe Penonne en el antiguo Hospital de San Juan».

Desde la infancia

Sonia ha sabido transmitir su amor por Brujas a sus compatriotas. «Como les entiendo bien, les puedo enseñar algo más». También su propia familia sabe encontrar los mejores rincones de Brujas. «Nos gusta ver cualquier iniciativa en la ciudad. Así es como les enseñamos a nuestras tres hijas el amor por Brujas, desde la tierna infancia».

(Si quieres descubrir Brujas de la mano de un guía diplomada, ve a las pág. 54-55 o vaya a www.visitbruges.be/ticketshop.)

Las direcciones de Sonia Papili

LUGAR FAVORITO

» **Coupure**

«Me encanta **Coupure**, un lugar en mitad de la ciudad, pero al mismo tiempo lejos del bullicio. La forma en la que la imponente hilera de árboles marca una línea verde a lo largo del canal Coupure es una obra de arte. Además, nuestra familia está vinculada a este Coupure de una forma especial».

RESTAURANTES

» **Du Phare**, Sasplein 2, tel. +32 (0)50 34 35 90, www.duphare.be

«Después de un paseo dominical por el Vesten o subirte a un molino, es agradable volver a recuperar el aliento en la espaciosa y soleada terraza de Du Phare. Si no hace bueno, dentro puede disfrutar en su acogedor interior de una gastronomía internacional que se adapta a las estaciones».

» **De Schaar**, Hooistraat 2, tel. +32 (0)50 33 59 79, www.bistrodeschaar.be

«El restaurante perfecto para el que después de llenarse en el Coupure, quiera disfrutar de mi rincón favorito de la ciudad. En el verano es una delicia sentarse en la terraza al borde del agua, y en invierno disfrutas de la chimenea».

» **Sans Cravate**, Langestraat 159,
tel. +32 (0)50 67 83 10,
www.sanscravate.be

«Nuesto restaurante favorito. Y además Sans Cravate se ha ganado una merecida estrella. No es que vayamos todos los meses, pero cuando tenemos algo que celebrar lo hacemos aquí. Chef Henk sabe preparar comida contemporánea y clásica».

» **La Tâche**, Blankenbergse Steenweg 1, tel. +32 (0)50 68 02 52,
www.latache.be

«Mi marido ya había ido un par de veces a este sitio y siempre hablaba maravillas de las cosas que le habían servido. Este restaurante representa la gastronomía clásica con un toque meridional, en una hermosa casa señorial. La Tâche está en los primeros puestos de los lugares a visitar».

» **De Bottelier**, Sint-Jakobsstraat 63, tel. +32 (0)50 33 18 60,
www.debottelier.com

«Este es un lugar sin tonterías, con una gastronomía sana donde lo importante son las verduras. Y a un precio económico. Y si a todo eso le añades un interior encantador, comprenderás porqué suele haber un cartel con «lleno» en la puerta».

CAFÉS

» **De Republiek**, Sint-Jakobsstraat 36,
tel. +32 (0)50 73 47 64,
www.republiekbrugge.be

«Un café cultural de vanguardia, con una agradable terraza al sol, en un barrio también cultural. En la misma dirección encontrarás Cinema Lumière y más adelante está el Conservatorio municipal y la Biblioteca pública. Primero vas al cine y después sigues disfrutando en este centro creativo urbano: ¡un gustazo!».

» **Café Rose Red**, Cordoeaniersstraat 16, tel. +32 (0)50 33 90 51,
www.caferosered.com

«Lo digo de verdad: no soy de beber mucho, pero sí me gusta probar un poco de aquí y de allí. Y no hay mejor sitio para hacerlo que en el Café Rose Red. Aquí puedes encontrar una atractiva oferta de las mejores cervezas belgas. ¡Y hay un montón!».

» **De Belleman Pub**, Jozef Suvéestraat 22, tel. +32 (0)50 34 19 89
«Los habitantes de Brujas llaman a este café tradicional en la esquina del Parque Reina Astrid «De Belleman's». Me encanta el ambiente británico que transmite y el hecho de que puedes fraternizar con los asiduos que tienen desde tiempo inmemorial su puesto fijo en la barra».

» **De Proeverie**, Katelijnestraat 6, tel. +32 (0)50 33 08 87, www.deproeverie.be
«En este salón de té al estilo británico probarás el mejor batido de chocolate de Brujas. Chocolate recién derretido con leche caliente: no hace falta nada más. Y no quiero ni hablar del helado, los pasteles y scones caseros... Una visita a De Proeverie es todo un placer».

» **Grand Hotel Casselbergh**, Hoogstraat 6, tel. +32 (0)50 44 65 00, www.grandhotelcasselbergh.com
«El bar elegante y distinguido del Grand Hotel Casselbergh es un lugar delicioso para descansar antes o después de una cena. Te puedes sentar a la barra o en uno de los cómodos sillones. Aquí puedes empezar una velada con gusto o terminarla con clase. También atienden a clientes que no sean del hotel».

TIENDAS

» **Krokodil**, Sint-Jakobsstraat 47, tel. +32 (0)50 33 75 79, www.krokodil.be
«Un tesoro para todos los que tengan niños. Aquí no hay cachivaches sino juguetes hermosos, sólidos y resistentes que aguantan elegantemente el paso del tiempo».

» **Da Vinci**, Geldmuntstraat 34, tel. +32 (0)50 33 36 50, www.davinci-brugge.be
«Ya haga frío o calor y en cualquier momento del día, los visitantes y ciudadanos de Brujas esperan pacientemente a que sus sueños se hagan realidad. La cantidad de sabores no se pueden ni contar. Además, absolutamente todo, desde el helado hasta las salsas lo hacen ellos mismos».

» **BbyB**, Sint-Amandsstraat 39, tel. +32 (0)50 70 57 60, www.bbyb.be
«En BbyB encontrará una gama de chocolates de alta costura y líneas elegantes difíciles de resistir. Una y otra vez siento la tentación de entrar en esta tienda para probar nuevas combinaciones de sabores. Porque hay que admitirlo, ¿a quién no le gusta el chocolate con ruibarbo, especias, caramelo babelutte o anís?».

» **Callebert**, Wollestraat 25,
tel. +32 (0)50 33 50 61,
www.callebert.be

«Como aprendiz de diseño me encuentro a mis anchas en Callebert, un oasis de elegancia donde reina la belleza atemporal. Con una sección infantil que despierta el deseo tanto de los niños como de sus padres».

» **De Witte Pelikaan**, Vlamingstraat 23, tel. +32 (0)50 34 82 84, www.dewittepelikaan.be

«Al que le guste la Navidad, le encantará De Witte Pelikaan, decorado todo el año con bolas y campanitas de Navidad. Árboles de Navidad por todos sitios, llenos de objetos artesanos de cristal, bolas únicas y adornos para todos los bolsillos. Si aquí no encuentra la decoración navideña de sus sueños, no la encontrará en ningún sitio».

CONSEJO ESPECIAL

» **Restos de la antigua Catedral de San Donaciano**, Burg 10, tel. +32 (0)50 44 68 44

«Bajo el prestigioso Crowne Plaza Hotel se encuentran los restos de la antigua **Catedral de San Donaciano** que representaba el poder religioso en la plaza Burg. La Catedral de San Donaciano era además la iglesia de la corte de los condes de Flandes. Si verdaderamente quiere profundizar en la historia más antigua de la ciudad, puede solicitar en la recepción del hotel si puede entrar a echar un vistazo en el sótano. En Brujas hasta el suelo está lleno de historia...».

Los primitivos flamencos en el punto de mira

Las antiguas obras maestras siguen emocionando a Till-Holger Borchert

Museo Groeninge

Nació en Hamburgo y se mudó hace unos años de Bruselas a Brujas, donde trabaja durante 19 años. Disfruta plenamente de la belleza de los primitivos flamencos, con sus seis siglos en la historia de las Bellas artes. En 2002 Till-Holger Borchert fue uno de los cuatro curadores de Brujas, Capital europea de la cultura. Hoy es director general de la organización de Museos de Brujas y curador del Museo de Groeninge y la Casa «Arents».

DATOS PERSONALES

Nombre: Till-Holger Borchert
Nacionalidad: Alemán
Fecha de nacimiento: 4 de enero 1967
Vive en Brujas, es director general de Musea Brugge, curador jefe del Museo Groeninge y autor de innumerables libros sobre los primitivos flamencos.

«Brujas es de una belleza singular», así lo afirma Till-Holger Borchert. «Y además, es una ciudad agradable para vivir, gracias a que sabe mantener de forma inteligente el carácter medieval en un ambiente moderno. En el siglo XIII la ciudad creció hasta convertirse en el centro cultural del Noroeste de Europa. En el siglo XV, el ducado borgoñón consiguió impulsar la población, con lo que la ciudad floreció aun más. Además, Brujas no sufrió durante la furia iconoclasta. Ese respeto de entonces todavía es palpable hoy en día».

Vírgenes de andar por casa

«Casi todos los días saludo a dos obras maestras: el díptico de la *Virgen con Maarten van Nieuwenhove* de Hans Memling en el Hospital de San Juan, y la *Virgen y el Canónigo Joris van der Paele* de Jan van Eyck en el Museo Groeninge».

«Creo que los primitivos flamencos siguen fascinando porque por primera vez mostraban personas y cosas del propio entorno. Incluso una virgen parece una mujer que te puedas encontrar por la calle. Los artistas sentaron las bases para un concepto realista que el espectador contemporáneo sigue comprendiendo. Han descubierto al individuo. Además eran maestros en la solución de problemas. Con un increíble ingenio exploraron el espacio, con un espejo en un interior, como en el díptico de Memling. Una maravilla».

> «Creo que los primitivos flamencos siguen fascinando porque fueron los primeros en mostrar las personas y cosas del propio entorno».

«¿Me conmueven todavía esas obras? Totalmente. Pero me emociono incluso más con un pintor como Rogier van der Weyden. Memling y van Eyck me emocionan intelectualmente, a nivel conceptual. Solamente con la obra de van der Weyden y van Eyck ya merece la pena visitar los Tesoros de Brujas».

(Este año tendrán lugar diversas exposiciones sobre los primitivos flamencos. En la pág. 89 podrá leer más al respecto).

Las direcciones de Till-Holger Borchert

LUGAR FAVORITO

» **Iglesias brujenses**

«No se pierda las grandes obras de arte que se muestran en las iglesias más importantes de Brujas. Tampoco olvide admirar la torre de la Iglesia de Nuestra Señora, ya que con sus 115,5 metros de altura, es la segunda torre de iglesia de ladrillo más alta del mundo. En la Catedral de San Salvador no pase por alto las pinturas murales de la capilla bautismal, y, en la Iglesia de Santiago, el **mausoleo de la familia de Gros**, prueba del poder y riqueza de la élite borgoñona».

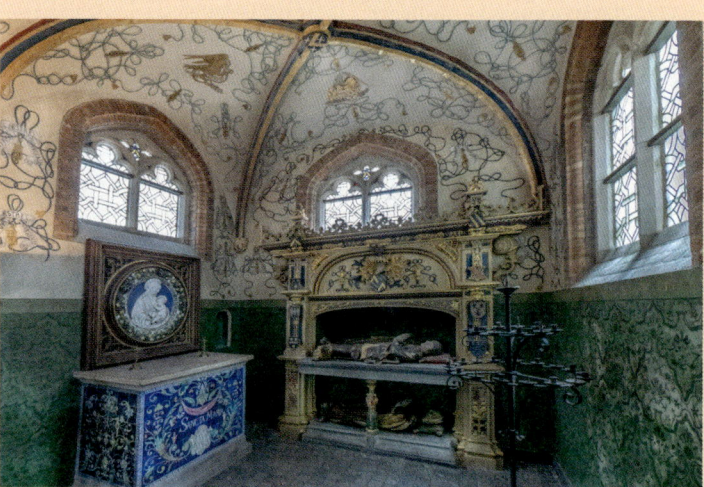

RESTAURANTES

» **Kok au Vin**, Ezelstraat 21, tel. +32 (0)50 33 95 21, www.kok-au-vin.be

«En este acogedor bistro disfrutará de platos deliciosos hechos con productos locales y muy frescos. El chef Jürgen Aerts sabe cómo crear sabores perfectos con sencillez. Y además, el comer aquí es accesible a cualquier bolsillo».

» **Den Gouden Harynck**, Groeninge 25, tel. +32 (0)50 33 76 37, www.goudenharynck.be

«Den Gouden Harynck es conocido en Brujas por pequeños y grandes gourmets. Es también uno de los restaurantes más renombrados y agradables de la zona. Algo con lo que todos los que lo visitan están de acuerdo».

» **Den Amand**, Sint-Amandsstraat 4, tel. +32 (0)50 34 01 22, www.denamand.be

«En Den Amand he llegado a ver a un crítico culinario alemán copiando la carta completa, para que sirva de referencia. En este pequeño pero delicado bistró disfrutan tanto visitantes como brujenses».

» **'t Schrijverke**, Gruuthusestraat 4, tel. +32 (0)50 33 29 08, www.tschrijverke.be

«Este restaurante de ambiente hogareño toma su nombre de un poema de Guido Gezelle, que cuelga orgulloso al lado de la puerta. Pero 't Schrijverke es sobre todo conocido por sus platos regionales y la cerveza Karmeliet de grifo».

» **Tanuki**, Oude Gentweg 1, tel. +32 (0)50 34 75 12, www.tanuki.be

«Un pedazo de Japón en Brujas. Un rincón gastronómico sagrado donde inconscientemente pasamos a susurrar para no molestar a los que disfrutan de un ambiente tranquilo. En la cocina abierta el chef hace maravillas con el sushi y el sashimi y se preparan serenamente menús de siete platos».

CAFÉS

» **Café 't Klein Venetië**, Braambergstraat 1, tel. +32 (0)50 33 10 37, www.kleinvenetie.be

«Todos los habitantes de Brujas saben que, si quieren atrapar los rayos de sol, se tienen que instalar en la terraza del Café 't Klein Venetië. Aquí me encanta sentarme en primera fila para disfrutar de la agradable animación en la plaza Huidenvettersplein y la hermosa vista del Rozenhoedkaai, el lugar más fotografiado de Brujas. En resumen, en esta terraza increíblemente popular sus ojos se quedan cortos».

» **Delaney's Irish Pub & Restaurant**, Burg 8, tel. +32 (0)50 34 91 45, www.delaneys.be

«Siempre hay un ambiente festivo en el pub irlandés Delaney's. Seguro que encuentra un ambiente muy internacional. Es un buen sitio donde ponerse a charlar con todo el mundo».

» **Café Marcel**, Niklaas Desparsstraat 7-9, tel. +32 (0)50 33 55 02, www.hotelmarcel.be

«Café Marcel es la versión brujense y refinada de un moderno café vintage. Un bar de toda la vida con un traje nuevo, como demuestran los suelos de madera oscura, las sencillas lámparas, los bancos de piel y el original panelado de la pared. Podrá disfrutar de un delicioso desayuno, así como de un aperitivo con algo de picar».

» **NOMAD**, 't Zand 12, tel. +32 (0)50 73 64 88, www.nomadbrugge.be

«Los sábados por la mañana disfruto desayunando tranquilamente en este elegante rincón. La verdad es que todos los días hay un ambiente agradable, con muchos clientes locales».

» **Hollandse Vismijn**, Vismarkt 4, tel. +32 (0)50 33 33 01

«Cuando me apetece simplemente una cerveza belga, me puede encontrar en el Hollandse Vismijn. Es un bar popular y agradable en el Vismarkt. El típico lugar donde todo el mundo se conoce y que siempre nos recibe con los brazos abiertos. ¡Salud!».

TIENDAS

» **Parallax**, Zuidzandstraat 17, tel. +32 (0)50 33 23 02, www.parallax.be

«Por tradición siempre compro mis calcetines en Parallax, pero también son maestros en camuflar mi tripita cervecera con mucho estilo. Una dirección aconsejable para todos aquellos que se enfrenten al mismo desafío. Boss, Scabal, Zilton, Falke… todas las marcas las puede encontrar aquí».

» **Antiquariaat Van de Wiele**, Sint-Salvatorskerkhof 7, tel. +32 (0)50 33 63 17, www.marcvandewiele.com

«Para piezas de arte e historia he descubierto el anticuario de Marc Van de Wiele. Este es sin duda uno de los mejores anticuarios con los que cuenta la ciudad. El lugar donde se podrá hacer con libros antiguos ilustrados».

» **Den Gouden Karpel**, Vismarkt 9-10-11, tel. +32 (0)50 33 33 89, www.dengoudenkarpel.be

«La familia de pescadores Ameloot regenta desde hace años, y con todo su corazón y alma, Den Gouden Karpel: no solo una excelente pescadería y servicio de catering sino también un bar de pescado donde podrá saborearlo in situ. Para los amantes del pescado como yo, es difícil pasar por delante de Den Gouden Karpel sin pararse a comprar algo».

» **Boekhandel De Reyghere**, Markt 12, tel. +32 (0)50 33 34 03, www.dereyghere.be
«Para todo tipo de lectura me gusta ir a De Reyghere, en el Markt. En esta librería literaria incluso los visitantes de la ciudad se sienten como en casa gracias a la gran cantidad de periódicos extranjeros y libros en otros idiomas».

» **D's Deldycke traiteurs**, Wollestraat 23, tel. +32 (0)50 33 43 35, www.deldycke.be
«Ya en el siglo XV el español Pedro Tafur hizo famosa Brujas por su importación de frutos exóticos y especies únicas. Hoy en día Deldycke continúa con la tradición. Aquí le satisfarán todas sus necesidades culinarias».

CONSEJO ESPECIAL

» **Museumshop**, Hof Arents, Dijver 16, www.museabrugge.be
«Si entra en la tienda del museo casi seguro que saldrá con un hermoso recuerdo. A modo de libro, reproducción o postal se puede llevar a casa su obra de arte favorita, o quizá pueda dejarse sorprender por originales souvenirs o un gadget de Brujas».

» **Capilla de Jerusalén**, **Museo Gezelle**, **Centro del encaje**, **Nuestra Señora de la Potterie** y **Museo de Cultura Popular**
«Cuando quiero relajarme y tomar un poco de aire fresco me dirijo al barrio de Santa Ana, la zona más común de Brujas. En las calles alrededor del **Museo de Cultura Popular** aún puede sentir lo que es un barrio auténtico, su encanto y la increíble calma en la que se descansa por la noche. Pero además, esta zona está llena de otros atractivos: el histórico complejo hospitalario de Nuestra Señora de la Potterie, el Centro del Encaje, la **Capilla medieval de Jerusalén** y el Museo Gezelle».
Info vea las pág. 60, 69-70, 73, 76 y 83.

Brujas, centro internacional para la música clásica

Ayako Ito se siente como en casa en la ciudad donde se respira la música

Sala de conciertos

Estaba predestinado que Ayako Ito acabaría en Brujas. La ciudad patrimonio de la humanidad es amante de la música antigua y recibió a la pianista japonesa, especializada en pianoforte, con los brazos abiertos. En la ciudad donde se respira música constantemente, Ayako conoció además a su alma gemela, Jos van Immerseel.

DATOS PERSONALES

Nombre: Ayako Ito
Nacionalidad: Japonesa
Fecha de nacimiento: 13 de septiembre
Nacida en Tokio, en 1998 partió para Amberes y en 2017 se afincó en Brujas.

No es una exageración decir que a la pianista japonesa Ayako Ito le corre la música por las venas. La música la impulsó desde la lejana Tokio hasta Brujas. «Vine a Bélgica como pianista para aprender a tocar el pianoforte – el piano de los siglos XVIII y XIX – en el Conservatorio de Amberes».

«Quien toque bien en la Sala de conciertos conquistará el resto del mundo».

Ayako se afincó en Brujas, sede de Anima Eterna Brugge, una orquesta internacional que alcanzó la fama por sus interpretaciones históricas, bajo la batuta del marido de Ayako, Jos van Immerseel.

Proteger el patrimonio musical y desarrollarlo

La pianista se siente como en casa en dos continentes y no le gusta encasillarse en una época. «En Tokio todo es nuevo, en Brujas eres más consciente de que formamos parte de la historia. La música antigua se respira en el ambiente. Se siente como algo natural el tocar un instrumento histórico en un marco así. Intentamos no solo preservar el patrimonio musical, sino también desarrollarlo».

Cada día Ayako experimenta diariamente en Brujas el gran amor por la música antigua en Brujas. «La gente se nos acerca en cualquier sitio para hablar de nuestros conciertos. Como si la ciudad nos apoyara y mantuviera a flote. Hace que Brujas sea nuestra ciudad».

Momentos intensos e inolvidables

La Sala de conciertos es un motor importante en la pasión por la música en Brujas. «Es realmente un escenario internacional de la más alta calidad. Y quien toque aquí bien conquistará el resto del mundo. No solo la acústica es excelente, el público es acogedor y muestra interés. Y por eso, como músicos, queremos dar lo mejor de nosotros».

Esa dinámica crea momentos inolvidables, para los músicos y el espectador. «La música hace que me sienta viva. Me comunico constantemente con el público, cambio constantemente de energía y es algo muy intenso. Pura magia».

Las direcciones de Ayako Ito

LUGAR FAVORITO

» **Palacio de conciertos**, 't Zand 34, tel. +32 (0)50 47 69 99, www.concertgebouw.be y www.concertgebouwcircuit.be

«La **Sala de conciertos** cuenta con una magnífica reputación. Como músico, te entregas y, gracias a la perfecta acústica, recibes mucho a cambio. Oigo lo que el público oye y eso tiene un valor incalculable. El que quiera conocer de una forma original nuestro templo de la música en Brujas, puede hacerse el Concertgebouw Circuit, una ruta sensorial que le llevará por todo el edificio. O si no, puede asistir a un concierto o espectáculo de danza».
Para más información, véase las págs 66-67.

RESTAURANTES

» **Refter**, Molenmeers 2, tel. +32 (0)50 44 49 00, www.bistrorefter.com

«Servicio profesional, gastronomía de categoría, una bonita decoración y una terraza encantadora. O cómo comer bien en un lugar privilegiado. ¿Se puede pedir más?».

» **Patrick Devos**, Zilverstraat 41, tel. +32 (0)50 33 55 66, www.patrickdevos.be
«Me encanta venir a este antiguo edificio con sus auténticos salones de art-nouveau y art-deco donde se puede disfrutar de una gastronomía contemporánea. Ligero, sano y muy natural. Un lugar especial».

» **Poules Moules**, Simon Stevinplein 9, tel. +32 (0)50 34 61 19, www.poulesmoules.be
«Una dirección para comer mejillones, la especialidad de la casa. Si el tiempo ayuda, puede disfrutar de su agradable terraza en la plaza Simon Stevinplein».

» **Brasserie Raymond**, Eiermarkt 5, tel. +32 (0)50 33 78 48, www.brasserie-raymond.be
«En Brujas, esta brasserie es toda una institución. Se come estupendamente y en un marco incomparable: es como si entraras en otra época y tuvieras un papel en una película».

» **De Mangerie**, Oude Burg 20, tel. +32 (0)50 33 93 36, www.mangerie.com
«Me encanta el original concepto de De Mangerie; el cocinero siempre sabe inventar nuevas creaciones. Aquí se prueba la pasión por la cultura oriental que se combina a la perfección con la cocina francesa».

CAFÉS

» **Concertgebouwcafé**, 't Zand 34, tel. +32 (0)50 47 69 99, www.concertgebouw.be/en/concertgebouwcafe
«Este es el lugar en el que recuperamos el aliento antes o después de un concierto y donde charlamos con el público y otros compañeros. Un lugar estimulante y muy acogedor».

» **Brouwerij De Halve Maan**, Walplein 26, tel. +32 (0)50 44 42 22, www.halvemaan.be
«Me encanta venir a esta fábrica de cervezas, con su larga historia. Ya se pueden encontrar las cervezas De Halve Maan en cualquier lugar del mundo; incluso en Tokio tienen su propio *Brugse Zot* café. En las instalaciones de la fábrica, además, puedes asistir a conciertos, para escuchar relajadamente mientras bebes una cerveza. ¡Una delicia!».

» **De Verloren Hoek**, Carmersstraat 178, tel. +32 (0)50 69 80 19, www.deverlorenhoek.be

«Este acogedor café está, para nosotros, a la vuelta de la esquina. El Verloren Hoek es, en mi opinión, sinónimo de personal amable y platos con un toque original. La vista increíble de los molinos y el baluarte es un regalo gratis».

» **Le Pain Quotidien**, Simon Stevinplein 15, tel. +32 (0)50 34 29 21, www.lepainquotidien.be

«Soy una fan de Le Pain Quotidien. Es un concepto fantástico: gracias a las grandes mesas donde todos se sientan juntos, surge una conversación espontánea con los vecinos. Aquí se sirven platos sabrosos hechos con esmero. Y la terraza no se la pueden perder».

» **Bar Jus**, Kleine Sint-Amandsstraat 10, tel. +32 (0)50 61 32 77

«Bar Jus es un rincón apartado. Aquí se pueden probar unos vinos magníficos con una gran oferta que se puede beber por copas. Siempre es bueno descubrir cosas nuevas. Y mientras disfruta de una deliciosa copa de vino, uno se siente como espectador de todo lo que pasa en la calle».

TIENDAS

» **Rombaux**, Mallebergplaats 13, tel. +32 (0)50 33 25 75, www.rombaux.be

«Esta fantástica tienda de música tiene más de cien años. Solo se puede tener esta antigüedad si ofreces calidad. Aquí puede consultar partituras, tocar y probar instrumentos, encontrar a otros músicos... suficientes razones para no comprar en línea».

» **Villa Maria**, Gistelse Steenweg 18-28, tel. +32 (0)50 31 07 44, www.villamaria.be

«En esta boutique de hermoso diseño encontrará las últimas colecciones de varias marcas de renombre. Si necesito una ropa urgentemente, me paso por Villa Maria. Aquí me pueden asesorar y siempre sé que saldré de la tienda con algo bonito y elegante».

» **lilola shop**, Langestraat 47b-49, tel. +32 (0)50 33 66 02, www.lilola.be

«Aquí encontrará ropa y accesorios: de marcas internacionales pero también de talento demoledor. Lo que aquí compro es ideal para llevarlo a un concierto o una fiesta. Y los sabios consejos que dan son gratis».

» **Frederiek Van Pamel**, Ezelstraat 33, tel. +32 (0)50 34 44 80, www.frederiekvanpamel.be

«En Frederiek se entra en otro mundo. Es una tienda preciosa, decorada con flores. Un poco exótica, mucho colorido y una elegancia especial».

» **The Chocolate Line**, Simon Stevinplein 19, tel. +32 (0)50 34 10 90, www.thechocolateline.be

«Cada vez que salgo de viaje, me llevo una carga de The Chocolate Line. Simplemente para volver a sorprender a mis amigos y familiares japoneses con pralinés originales y contemporáneos. Las creaciones de chocolate de Dominique Persoone son tan deliciosas que es difícil resistirse».

CONSEJO ESPECIAL

» **Capilla de Nuestra Señora de los Ciegos**, Kreupelenstraat 8, tel. +32 (0)50 32 76 60 o +32 (0)50 33 68 41, www.brugsebelofte.be

«La historia de esta bella **capilla** se remonta al 1305. Roberto III de Flandes mandó construir el lugar de culto original en memoria de la Batalla de Monsen-Pévèle, entre Flandes y Francia. Es una auténtica joya. Lo encontré de casualidad porque di allí un concierto. Al lado de la iglesia se construyeron en el siglo XV siete casas para albergar a los ciegos de la ciudad. Un lugar especial que espera que alguien lo descubra».

Para más información, véase la pág. 76.

CENTRO INTERNACIONAL PARA LA MÚSICA CLÁSICA

Creadores inspiradores en Brujas
El polifacético creativo Djamil Zenasni nos habla sobre profesionalidad en todas las épocas

Djamil Zenasni

Algunos zapateros se quedan relegados a lo mismo toda su vida. Otros son demasiado curiosos. El artesano de varios palos Djamil Zenasni pertenece a la última categoría. Construir casas, darle al torno de cerámica, tapizar muebles: lo hace todo con la misma pasión. Conozca a un hombre especial, que mantiene con celo la tradición artesana milenaria de Brujas.

DATOS PERSONALES
Nombre: Djamil Zenasni
Nacionalidad: Belga
Fecha de nacimiento: 27 de noviembre 1963
Nació en Orán (Argelia), pasando por Francia llegó primero a Bruselas, y desde 1985 vive en Brujas.

La curiosidad de nacimiento de Djamil ya le llevaba por su propio camino. Comenzó en una fábrica de quesos artesanos en Gante. «Como socio aprendí muchísimo: desde neerlandés pasando por un enfoque ecológico hasta la importancia de *slowfood*».

Creativo polifacético

Cuando la mujer de Djamil encontró un trabajo en Oostende, la joven pareja se enamoró de una casa en Brujas, donde Djamil se puso manos a la obra inmediatamente.

Pronto se dio cuenta de que el concentrado trabajo manual se le daba estupendamente. Entre tanto se quedó prendado de los *reposapiés* artesanos. «Después me puse a tapizar asientos y poner patas. Una cosa me llevó a la otra».

«Cuando haces algo con pasión, vives ese momento intensamente. Una grata sensación».

Siempre lo mejor de sí

Con el paso de los años Djamil restauró numerosas casas de Brujas, que solía redecorar con muebles que hacía él mismo. Todas sus obras son muestras de una forma refrescante y auténtica de ver la vida. «Cada casa es diferente, así que entro pensando que es la primera vez. Así no te repites».

Aun así, su estilo es reconocible. Tonos cálidos y atrevidos; materiales auténticos y una combinación ecléctica de muebles. Su propia tienda, en Hoogstraat 42, muestra solo algunas facetas de la capacidad de Djamil, como cerámica colorista, su última pasión.

No hace falta expandirse

No necesita extender su carrera de ceramista. «Pequeño y sano, no hace falta más. Y me doy cuenta de que mis compañeros artesanos piensan igual. Últimamente los visitantes, y también los habitantes de Brujas, se salen del circuito conocido de tiendas en búsqueda del especialista que habla con pasión sobre su producto. Ese servicio personal tiene su atractivo y para nosotros, los comerciantes, no hay nada mejor que un cliente satisfecho».

Las direcciones de Djamil Zenasni

LUGAR FAVORITO

» **Plaza Minnebo**

«Gracias a la obra *Lanchals* de John Powers, que decoró durante la Trienal 2018 la **Plaza Minnebo**, he vuelto a descubrir esta plaza. A pesar de que no está escondida, antes pasaba de largo sin fijarme. Un rinconcito sobrio a lo largo del canal en el que puedes descansar».

RESTAURANTES

» **Lieven**, Philipstockstraat 45, tel. +32 (0)50 68 09 75, www.etenbijlieven.be

«Lieven es mi vecino, nos saludamos casi todos los días. En ocasiones especiales, como un cumpleaños, vamos a su agradable restaurante, para celebrarlo por todo lo alto. Un placer de categoría».

» **Duc de Bourgogne**, Huidenvettersplein 12, tel. +32 (0)50 33 20 38, www.ducdebourgogne.be

«Sin lugar a dudas el restaurante de Brujas con el entorno más bello. La grandeza de antaño, con cubiertos de plata y una vista fantástica de los canales. Buen sitio para almorzar, pida una mesa al borde del agua».

» **Secondo Sud**, Mallebergplaats 5, tel. +32 (0)50 34 45 62, www.sudinbrugge.com
«Aquí se come la pura cocina de Puglia, simple y deliciosa. Y si organizan una comida, se pasan por mi tienda para recoger unas fuentes hechas por mí. ¡La combinación perfecta!».

» **Carlito's**, Hoogstraat 21, tel. +32 (0)50 49 00 75, www.carlitos.be
«Las mejores pizzas de la ciudad. Y las devoras en un interior a la última, que es acogedor incluso para los más pequeños».

» **Sint-Joris**, Markt 29, tel. +32 (0)50 33 30 62, www.restaurant-sintjoris.be
«Si el hijo de un agricultor ecológico dirige un restaurante, puedes estar seguro de que se servirá una excelente carne natural de su propia granja. Este es un lugar de categoría. Y justo en el Mercado».

CAFÉS

» **Craenenburg**, Markt 16, tel. +32 (0)50 33 34 02, www.craenenburg.be

«Craenenburg lleva siglos en los primeros puestos cuando se habla sobre la historia de Brujas. Hoy en día, los habitantes de Brujas vienen a este Grand Café a leer su periódico y contarse las últimas novedades. Aquí beben su café los guías de coches de caballos antes de cruzar toda la ciudad. Es un lugar que inspira confianza».

» **Coffeebar Adriaan**, Adriaan Willaertstraat 7, tel. +32 (0)476 90 13 10, www.coffeebaradriaan.be
«Un café expreso perfecto en un antiguo banco majestuoso. Si eso es lo que busca, vaya a Adriaan. Cómo beber café con estilo».

» **Comptoir des Arts**, Vlamingstraat 53, tel. +32 (0)494 38 79 61, www.comptoirdesarts.be

«Cerveza y blues, eso es lo que le servirán en este café típico de sótano. Suelen ofrecer espectáculos de comedia o música en directo».

» **Café Vlissinghe**, Blekersstraat 2, tel. +32 (0)50 34 37 37, www.cafevlissinghe.be

«El café más antiguo de Brujas es toda una institución. Un lugar donde el tiempo se paró hace siglos. En el centro de la ciudad y aun así con un hermoso jardín con una pista de petanca».

» **Riesling & Pinot Winebar-Wineshop**, Hoogstraat 33, tel. +32 (0)50 84 23 97, www.riesling-pinot.be

«Aquí, justo a la vuelta de la esquina, me suelo beber un vaso de vino con una tapita. No sabía nada sobre el vino alemán pero ya estoy plenamente convencido de su sabor».

TIENDAS

» **Vie de Vue**, Hoogstraat 40, tel. +32 (0)50 70 60 79, www.viedevue.be

«Martine van Melckebeke recorre áticos polvorientos dentro y fuera de Bélgica para hacer grandes descubrimientos. Así consigue agenciarse muebles únicos y especiales. Objetos que le dan un toque especial a cualquier hogar. Desde repisas, pasando por ornamentos hasta iluminación».

» **Depot d'O**, Ridderstraat 21, tel. +32 (0)495 23 65 95, www.depotdo.be

«La verdad es que casi todo lo puedo hacer yo. Pero si necesito algo, lo puedo encontrar en Kurt. Depot d'O es la tienda para los amantes del diseño vintage y los descubrimientos disparatados. Piensa en lo más loco y lo encontrarás aquí».

» **ShoeRecrafting**, Langestraat 13, tel. +32 (0)50 33 81 01, www.shoerecrafting.be

«Luc Decuyper le pone las suelas y arregla tus zapatos de forma artesanal. Los vuelve a coser según la tradición, con lo que después de repararlos quedan mejor. Luc aprendió la profesión en Delvaux y en numerosos talleres de renombre».

» **Galerie Thomas Serruys**, Keersstraat 2, tel. +32 (0)477 92 43 68, www.thomasserruys.com

«Muebles vintage de diseño que llevas media vida buscando o piezas que – en cuanto las ves – sientes la necesidad de tener; eso es lo que encuentras en esta galería. Thomas Serruys sabe exactamente lo que es eterno e irresistible».

» **Quicke**, Zuidzandstraat 21-23, tel. +32 (0)50 33 23 00, www.quicke.be
«Quicke lleva más de 118 años siendo toda una institución en Brujas y entre las fashionistas de todo el mundo. Y con razón, aquí compras calzado y bolsos de calidad que se adelantan a las tendencias y con los que podrás causar furor durante años».

CONSEJO ESPECIAL

» Groenerei

«La fachada de atrás de mi tienda da al hermosísimo **Groenerei**, y desde hace poco, esa fachada esta adornada con un fresco de una pareja bailando. Es mi homenaje a los expresionistas flamencos, porque lo mismo soy yo también uno de ellos. Quién pasee a lo largo del Groenerei tiene que fijarse bien, ¡el que busca, encuentra!».

Buscando tesoros artísticos y rincones que la inspiren

Mirna Hidalgo encuentra la creatividad en una ciudad con pasión por el arte

Jean Moust

Bailaora de flamenco, especializada en derecho internacional, coach creativa... pintora, con titulo de la Academia de Brujas. La argentina Mirna Hidalgo siempre se ha aferrado a la vida con ambas manos, pero no fue hasta que se afincó en Brujas que se convirtió a las bellas artes. Una historia sobre el amor y la creatividad.

DATOS PERSONALES
Nombre: Mirna Hidalgo
Nacionalidad: Belga
Fecha de nacimiento: 11 de julio de 1966
Nació y creció en Argentina y gracias al amor acabó en Brujas.

Antes de cumplir los 20, Mirna se hizo bailaora de flamenco, al mismo tiempo estudiaba Derecho. Una vez obtuvo el título hizo un viaje por toda Europa, con Brujas como última parada. Allí se puso a hablar con un *nativo* y poco después este habitante de Brujas, Dirk, le pidió en matrimonio en Argentina.

Aprender del mejor

Y así fue como Mirna acabó en Brujas cuando tenía 23 años. Aquí aprendió francés y neerlandés, estudió derecho internacional y tuvo más de veinte años de carrera en el mundo de las altas finanzas. Mientras tanto, la argentina seguía estudiando: psicología, *coaching*... Cuando en su trabajo Mirna lo único que hacía era ahorrar, decidió darle un giro total a su carrera. «Nunca había pintado, pero en el supermercado me llamó la atención una oferta con lienzos y pintura». Pronto se inscribió en la Academia Municipal de Bellas artes, que con sus 300 primaveras es la más antigua de Flandes. «La Academia de Brujas se fundó en el siglo XVIII y la colección fue la base en el siglo XIX del Museo Groeninge, el museo de Bellas Artes de Brujas situado en el Dijver. Que es justo el barrio donde se encuentran muchas de mis tiendas favoritas de arte y antigüedades».

Todo el mundo es creativo

Mirna encuentra su inspiración por todas partes. «Todas las semanas voy en bici a la Academia y cada vez que paso por el Vesten hay algo diferente. Ves cómo cambian las estaciones y la luz. Es todo un placer desde el principio hasta el final. Brujas es una ciudad increíblemente bella y todos los que vivimos aquí somos conscientes de ese privilegio».

El coaching y el arte parecen a primera vista dos mundos separados, pero para Mirna se entremezclan y diluyen. «El tratar a las personas es pura creatividad. Te conectas con el otro y cada paso que das depende de la conexión; juntos construís algo y ese algo es único».

«Así organicé una serie de eventos en los que cada participante tiene que terminar un cuadro en dos horas. Cada participante acabó con una obra única, a pesar de que las habían hecho con los mismos medios y en las mismas circunstancias. Muy motivador».

«Brujas es una ciudad increíblemente bella y todos los que vivimos aquí somos conscientes de ese privilegio».

Las direcciones de Mirna Hidalgo

LUGAR FAVORITO

» **Iglesia de Santa Magdalena**, Stalijzerstraat 19, www.yot.be
«Esta iglesia es todo menos normal. Por fuera es una construcción neogótica, simple pero por dentro es un **maravilloso lugar de reflexión**. La moderna decoración es realmente sorprendente: con una relajante fuentecilla, un columpio, colores llamativos… y si se mira con más detalle, encuentra mucho más. Además, se organizan con regularidad exposiciones». *Para más información, véase la pág. 71-72.*

RESTAURANTES

» **Bistro Zwart Huis**, Kuipersstraat 23, tel. +32 (0)50 69 11 40, www.bistrozwarthuis.be

«Dele un regalo a sus papilas gustativas en la monumental sala de banquetes de un edificio protegido del año 1482. Bienvenido al Bistro Zwart Huis. Aquí puede probar clásicos flamencos pero también algunos platos internacionales. Suelen dar también conciertos de blues y jazz. La música en directo simplemente completa tu experiencia».

» **Malesherbes**, Stoofstraat 3-5, tel. +32 (0)50 33 69 24
«Este es un buen restaurante en una de las callejuelas más estrechas de la ciudad. Productos frescos y auténticos y una gastronomía francesa. El chef aprendió su oficio de un cocinero francés. En Malesherbes celebramos todos los años nuestro aniversario de boda. Nos encanta el enfoque simpático y personal».

» **Passion For Food**, Philipstockstraat 39, tel. +32 (0)477 40 17 14
«Un menú pequeño con platos deliciosos y sanos. También hay opciones vegetarianas y veganas. El dueño, Sherif, es increíblemente simpático, conoce casi todo Brujas y es un excelente anfitrión».

» **#food**, Scheepsdalelaan 37, tel. +32 (0)50 70 76 70, www.hashtagfood.be
«Ese lugar me gusta por sus productos frescos, con los que puedes desarrollar tu creatividad. Y además para todos los gustos: ya comas carne, pescado o seas vegano, disfrutarás de platos originales. Incluso si eres alérgico a la lactosa o al gluten, en #food ¡estarás a salvo!».

» **Petite Aneth**, Maria van Bourgondiëlaan 1, tel. +32 (0)50 31 11 89, www.aneth.be
«Otra recomendación para fiestas es Petite Aneth. El chef llevó durante mucho tiempo un restaurante con estrellas pero ahora prospera con esta versión más modesta. Los platos siguen siendo refinados pero sin pagar mucho».

CAFÉS

» **Blend wijnbar-wijnwinkel**, Kuipersstraat 6-8, tel. +32 (0)497 17 20 85, www.blendwijnhandel.be
«En Blend, bar y tienda de vinos, ofrecen una buena carta de vinos que suelen poner al día. Aquí se pueden beber buenos vinos, en todas las categorías de precios. Las tapas te ayudarán a que no se te suban a la cabeza».

» **27Bflat**, Sint-Jakobsstraat 15, tel. +32 (0)479 29 74 29, www.27bflat.be
«En este club de jazz y blues disfrutas de una buena comida y de conciertos semanales íntimos de talentos establecidos y nuevos. Una combinación ideal».

» **Cuvee QV Winebar/Wineshop**, Philipstockstraat 41, tel. +32 (0)50 33 33 28, www.cuvee.be

«Aquí encontrará vinos y botellas especiales, algo que no se puede encontrar en el supermercado. No son especialmente baratos, pero en la barra podrá probarlos y evitar equivocarse en las compras. Bebiendo una copa, ya se sabe lo que uno mete en la casa. Pero si no quiere comprar una botella, es una delicia disfrutar de una deliciosa copa de néctar de los dioses».

» **Lucifernum**, Twijnstraat 6, tel. +32 (0)476 35 06 51, www.lucifernum.be
«Este es el lugar excéntrico de mi lista. Lucifernum no está siempre abierto y hay que pagar una entrada. Pero es toda una recomendación porque se entra en un mundo chiflado lleno de arte con una terraza fantástica y preciosa. Toda una experiencia».

» **Tonka**, Walplein 18, tel. +32 (0)495 20 73 99, www.tonkatearoom.com
«Esta pequeña tetería la llevan dos jóvenes que trabajan en cuerpo y alma. Los panqueques se preparan en su punto justo, con la quiche sirven una crujiente ensalada y el croissant acaba de salir del horno».

TIENDAS

» **Anticuario Pollentier-Maréchal**, Sint-Salvatorskerkhof 8, tel. +32 (0)50 33 18 04, www.pollentier-marechal.be

«Al que le gusten los antiguos grabados e ilustraciones, tiene que pasarse por Geert y Martine, a la sombra de la Catedral de San Salvador. Este es también el sitio ideal para enmarcar una obra de arte o que restauren y limpien una obra antigua y dañada. La tienda tiene ese encanto auténtico de una antigua imprenta. Una delicia».

» **Jean Moust**, Mariastraat 15, tel. +32 (0)50 34 44 35, www.jeanmoust.com
«No soy ninguna experta, pero siempre me quedo sin palabras cuando me quedo mirando las decenas de cuadros flamencos y neerlandeses del siglo XVII en Jean Moust. Las paredes de rojo-sangre están repletas de una impresionante colección de arte pictórico. No sabes por dónde empezar a mirar. Una experiencia abrumadora».

» **Absolute Art Gallery**,
Dijver 4-5, tel. +32 (0)50 49 10 12,
www.absoluteartgallery.com

«Para saber qué está pasando en el mundo del arte internacional, voy al Absolute Art Gallery. Se te recibirá con los brazos abiertos y conocerá las últimas obras de artistas internacionales. Sobre todo me siento atraída por los paisajes serenos de Benoît Trimborn».

» **Galerie Pinsart**, Genthof 21, tel. +32 (0)50 67 50 66, www.pinsart.be
«Pinsart sabe montar algo bueno con interesantes exposiciones contemporáneas. Merece la pena el pasarse de vez en cuando por aquí. Además me encanta perderme en este hermoso edificio restaurado del siglo XVIII y admirar los hermosos objetos de arte».

» **De Schacht**, Katelijnestraat 49, tel. +32 (0)50 33 44 24, www.de-schacht.be
«Esta es *mi* tienda de arte: en un buen sitio y a unos pasos de la Academia. Un paraíso para cualquier creativo. Pero también encontrarás regalos originales, para complacer a los menos creativos».

CONSEJO ESPECIAL

» **Los jardines de la Casa de la Caridad Spanoghe**,
Katelijnestraat 8

«Hace falta un poco de coraje para seguir andando, porque parece que te estás entrometiendo. Pero se le premiará con un delicioso **rincón sereno** en mitad del bullicio de la ciudad. Aquí se puede relajar y pasear la mirada por el **agua de los canales**. Desde aquí tiene una vista única sobre la fachada lateral del centenario Hospital de San Juan y el convento correspondiente».

St. George's Day-wandeling, Zeebrugge

Para descu-brir fuera de **Brujas**

138 Las otras ciudades históricas
- > AMBERES
- > BRUSELAS
- > DAMME
- > GANTE
- > LOVAINA
- > MALINAS
- > YPRES

142 Campiña de Brujas

144 Costa

146 Westhoek

Las otras ciudades históricas

Amberes (Antwerpen) 82 km

Es imposible definir Amberes (Antwerpen) con una sola palabra. Esta histórica ciudad puede presumir de una maravillosa catedral, de numerosas y bellas iglesias, de una impresionante estación central, del rompedor Museo MAS («Museum aan de Stroom»), de la tranquilidad de la casa de Rubens, del precioso jardín de esculturas Middelheim, de su zoo con historia, y de tantas otras maravillas. Además, esta es la ciudad belga de la moda por excelencia. La ciudad del río Escalda es el hogar de numerosos diseñadores de renombre internacional. Encontrará una amplia oferta de boutiques exclusivas y tiendas especiales, el sueño de cualquier «fashionista». Por todo ello, no es de extrañar que los habitantes de Amberes – ya de naturaleza «ruidosos» – estén increíblemente orgullosos de su ciudad.

INFO > www.visitantwerpen.be; hay conexión directa de tren entre Brujas y Amberes (duración: aproximadamente 1:30h; www.belgiantrain.be).

Bruselas (Brussel) 88 km

El mundo entero confluye en Bruselas (Brussel) y en cada esquina se descubre un nuevo continente. Del exótico barrio de Matonge a la zona señorial donde residen las instituciones europeas, la capital de Bélgica logra suavizar su estructura metropolitana con un auténtico ambiente popular. A la sombra de la majestuosa Plaza Mayor, el pequeño «Manneke Pis» continúa imperturbable haciendo sus necesidades. Esta ciudad versátil reconcilia el elegante barrio de Sablón con la popular plaza «Vossenplein». Los seguidores de la realeza se pueden dirigir a la Plaza Real (Paleizenplein), los amantes del arte darse el gusto en uno de los más de cien museos como el Museo Magritte, el BOZAR o el Museo Horta. Los entusiastas de la gastronomía pueden disfrutar de las nume-

rosas cervecerías o restaurantes gastronómicos. Los adeptos al «vintage», se dirigen al Atomium. En la ciudad donde nacieron Tintín y los Pitufos no pueden faltar para los amantes de los comics más de 50 fachadas decoradas y un famoso museo.
INFO > www.visit.brussels; hay conexión directa de tren entre Brujas y Bruxelles-Central (duración: 1:00h hasta 1:15h; www.belgiantrain.be).

Damme 6 km

Damme fue el puerto de paso de Brujas hasta la sedimentación de su salida al mar (en Het Zwin). Conduzca en línea recta hacia la ciudad de «Uilenspiegel» por el canal de Damme (Damse Vaart). El canal se encuentra escoltado por hermosos álamos de a veces más de 100 años de antigüedad. Sus retorcidas ramas ofrecen un paisaje encantador. Una experiencia que también puede disfrutar desde el agua. El nostálgico vapor de ruedas Lamme Goedzak navega ida y vuelta entre la ciudad histórica y el embarcadero Noorweegse Kaai en Brujas. ¡El segundo domingo de cada mes, Damme se transforma en la gran ciudad del libro!
INFO > www.visitdamme.be; autobús de línea n° 43 (no circula los sábados, domingos y festivos, consulte www.delijn.be para el horario), parada: Damme Plaats; o con el vapor de ruedas Lamme Goedzak, www.bootdamme-brugge.be *(vaya también a la pág. 57)*. También puede ir a Damme en bici *(consulte las pág. 154-155 para el alquiler de bici)* o alquilar una moto *(consulte la pág. 155 para el alquiler de motocicletas)*.

Gante (Gent) 39 km

No hay pueblo más indómito que el pueblo de Gante. Se rebelaron contra el emperador Carlos V, les pusieron una horca al cuello y desde entonces llevan con orgullo el nombre de «los ahorcados». En Gante, el medievo se mezcla con lo último. El Campanario centenario es una imagen imponente al lado del moderno ayuntamiento. El pintoresco barrio Patershol, con sus callejuelas y acogedores restaurantes se extiende a la sombra del impresionante Castillo de los Condes de Gante. La ciudad hace furor internacional con sus jóvenes chefs estrella y como capital vegetariana de Europa. Los amantes del arte sabrán encontrar la famosa *Adoración del Cordero Místico* de los hermanos van Eyck en la Catedral de San Bavón o cualquiera de sus muchos

museos. El S.M.A.K., el Design Museum Gent, el MSK y el STAM le sorprenderán cada temporada con unas exposiciones excelentes. Los festivales, eventos culturales y una ajetreada vida nocturna hacen que la ciudad estudiantil sea un hervidero de vitalidad. Y cuando se pone el sol, empieza a funcionar el Plan de luz. Se iluminan los edificios, las plazas y las calles. El momento ideal para visitar las calles de Graslei y Korenlei al borde del agua.

INFO > www.visitgent.be; hay conexión directa de tren entre Brujas y Gent-Sint-Pieters (duración: aproximadamente 30 min.; www.belgiantrain.be), desde la estación Gent-Sint-Pieters pasa el tranvía 1 cada 10 minutos dirección centro.

Lovaina (Leuven) 110 km

Lovaina (Leuven) es sin discusión la ciudad estudiantil de Bélgica. Decenas de edificios monumentales de la Universidad están repartidos por todo el acogedor centro. Lógico si tenemos en cuenta que aquí se fundó en 1425 la primera universidad del país. A pesar de su edad, Lovaina está abierta a la innovación, lo que implica entre otras cosas una serie de destacados proyectos arquitectónicos como el centro artístico Stuk, Het Depot, De Hoorn en el barrio a la última Vaartkom y el M - Museum Leuven. Y luego está Lovaina como ciudad cervecera, con dos fábricas de cerveza en el centro, la enorme Stella Artois y la más modesta Domus, y numerosos cerveceros artesanos en la zona. Y dónde mejor que en la plaza el Oude Markt (Antiguo Mercado), quizá la barra de bar más larga del mundo, para tomarse una pausa...

INFO > www.visitleuven.be; hay conexión directa de tren entre Brujas y Lovaina (duración: aproximadamente 1:30h hasta 1:40h; www.belgiantrain.be).

Malinas (Mechelen) 90 km

Malinas quizás sea la ciudad artística flamenca más pequeña, pero cuenta con una rica historia. A medio camino entre Amberes y Bruselas, se encuentra una metrópolis de modesto tamaño. La Malinas actual abraza su pasado como capital de los Países Bajos borgoñones. En el Museo Palacio de Busleyden viajará al pasado, a hace quinientos años, donde seguirá los pasos de Jerónimo de Busleyden, Erasmus y Tomás Moro. También Carlos I y Margarita de Austria dejaron su huella en Malinas. Puede pasear desde los palacetes borgoñones hasta las casas de color pastel en el Muelle, de un monumento al otro. La visita termina en una visita a la Torre de San Rumoldo, donde paseará por las nubes por encima de Malinas admirando la frontera entre el azul y el verde. ¿Quiere saber más sobre Malinas? Gracias a virtuelmechelen.be puede darse un paseo por el

casco histórico desde el cómodo sillón de su casa.

INFO > visit.mechelen.be; hay conexión de tren entre Brujas y Malinas, con transbordo en Gent-Sint-Pieters o Bruxelles-Midi (duración: 1:30h hasta 1:45h; www.belgiantrain.be).

Ypres (Ieper) 46 km

Ypres fue en el siglo XIII, junto con Brujas y Gante, una de las ciudades más poderosas de Flandes gracias a su floreciente industria textil. Debido a una ubicación estratégica en la esquina más occidental del país, Ypres sufrió varios asedios durante su historia, por lo que en la Edad Media se construyó una muralla que en el siglo XVII se expandió. El lugar donde la ciudad se encuentra también fue relevante en la Primera Guerra Mundial. Alrededor de Ypres se llevaron a cabo encarnizadas batallas y finalmente, la ciudad fue completamente destruida. Después de la guerra empezó el enorme esfuerzo de la reconstrucción: los edificios más importantes se copiaron exactamente como una vez fueron los originales, como en la Lonja de paños. Este es el sitio donde se construyó el Museo In Flanders Fields. Los testigos cuentan sus vivencias: pequeñas historias que le dan su propia visión a la guerra. También aquí podrá experimentar el horror de las trincheras y, enfréntese con valentía a los ataques devastadores de Ypres. En el mismo edificio encontrará el Yper Museum (Museo de Ypres) donde conocerá más de mil años de historia de esta ciudad. Desde Brujas se organizan varias excursiones (de 1 día) a Ypres y a otros puntos interesantes de esta región occidental de Flandes *(vea también la pág. 147)*.

INFO > www.toerisme-ieper.be; hay conexión de tren entre Brujas e Ypres, con transbordo en Kortrijk (duración: aproximadamente 1:30h hasta 1:40h, www.belgiantrain.be), desde la estación de Ypres son unos 10 minutos a pie hasta el centro de la ciudad.

Campiña de Brujas

La Campiña de Brujas (Brugse Ommeland) es la zona verde que rodea Brujas. Aquí el reloj va más despacio y lo importante es la buena vida. En la Campiña de Brujas también encontrará una serie de chefs estrella y pequeños productores locales y apasionados. Añada los sobrios canales que serpentean a través la Campiña de Brujas, los pólderes llanos que invitan a montarse en bici, los muchos edificios históricos en el campo verde y tendrá una atractiva región. La ciudad patrimonio de la humanidad de Brujas es el corazón de la zona, los pueblos y ciudades nostálgicos que la rodean son su alma. Perderse por un paraje borgoñés, con sus castillos, aspirando la historia en Damme, Lissewege y otros pueblecitos. Puede hacer lo que quiera, sin ninguna obligación. Ya es hora de cargarse las baterías y disfrutar totalmente en la Campiña de Brujas.

INFO > www.brugseommeland.be

Poelberg, Tielt

EXCURSIONES GUIADAS EN LA CAMPIÑA DE BRUJAS

Nada puede ser más placentero que descubrir los alrededores de Brujas durante una excursión guiada. Elija una deportiva excursión en bici con The Green Bike Tour (arlando@telenet.be), The Pink Bear Bike Tours (www.pinkbear.be), Steershop biketours (www.steershop.be) o QuasiMundo Biketours Brugge (www.quasimundo.com) o el alegre tour por minibús «Triple Treat: the best of Belgium en un día» de Quasimodo Tours (www.quasimodo.be).

CONSEJO

Una forma ideal de conocer los alrededores de Brujas es en bicicleta. Disfrute plenamente de la naturaleza en el Parque natural Bulskampveld, la zona más boscosa del Flandes occidental o en las sorprendentes arboledas alrededor de los castillos de los dominios municipales de Tillegem, Tudor y Beisbroek. No se preocupe: con un mapa de la red de rutas ciclistas en la mano, donde uno mismo se puede montar la ruta, no se podrá perder. En las i oficinas de información o shop. westtoer.be, podrá comprar rutas en bici.
(Vea las pág. 154-155 para el alquiler de bicicletas.)

Imprescindible

El Museo Uilenspiegel (Damme, 6 km, www.visitdamme.be), el hogar del legendario héroe Tijl Uilenspiegel y su Nele; el Lamme Goedzak (Damme, 6 km, www.bootdamme-brugge.be; *ver también la pág. 57*), un nostálgico vapor de ruedas que navega entre Brujas y Damme; el castillo de Loppem (Loppem, 6 km, www.kasteelvanloppem.be), donde el rey Alberto I se retiró durante la liberación a finales de la Primera Guerra Mundial; el Permekemuseum (Jabbeke, 10 km, www.muzee.be), donde puede visitar la casa, el jardín y los talleres del artista Constant Permeke; el Museo Arqueológico Romano (RAM) (Oudenburg, 16 km, www.ram-oudenburg.be), donde encontrará los descubrimientos arqueológicos y la rica historia de Oudenburg; el castillo de Wijnendale (Torhout, 23 km, www.visittorhout.be), una fortaleza con foso con un pasado glorioso de más de mil años que albergó a multitud de mandatarios; el Museo de Cerámica de Torhout (Torhout, 22 km, www.visittorhout.be), que le enseña la rica tradición de la mundialmente afamada cerámica de Torhout y que se alberga en el Castillo amurallado de Ravenhof; y la Abadía Ten Putte (Gistel, 25 km, www.godelievevangistel.be), en el que reside la comunidad religiosa de Madre de la Paz y donde se venera a Santa Godeleva. También se encontrará con el cuidado museo de Santa Godeleva, donde conocerá la biografía de la santa de Gistel.

Castillo de Wijnendale

Costa

La costa nos atrae una y otra vez. Desde De Panne hasta Knokke-Heist, cada una de las ciudades bañadas por el mar tiene su propio encanto. Encantadora o contemporánea, pintoresca o elegante, íntima o con aires de gran ciudad, las ciudades costeras siguen proporcionando la buena vida. Naturaleza sin fin, abundancia de cultura, playas maravillosas, calles comerciales donde quiere quedarse y paseos peatonales que invitan a caminar, todo ello es lo que ofrece la costa. Con el tranvía costero (www.dekusttram.be) se desplaza de un lugar a otro con gran rapidez. Saboree el aire salado del mar, disfrute de su microclima y deléitese con un delicioso pescado del Mar del Norte.
INFO > www.dekust.be

Imprescindible

La ruta de patrimonio en Zeebrugge (shop.westtoer.be) le mostrará el puerto marítimo de Brujas. El camino marcado con remaches destaca sobre todo el puesto único de Zeebrugge en la historia pesquera flamenca y durante la Primera Guerra Mundial. ¿Prefiere explorar el puerto desde el agua? Embarque por un paseo por el puerto de Zeebrugge (Zeebrugge, 14 km, www.captainblue.be, *vea también la pág. 57*). Con el barco de pasajeros Zephira navegará por una de las esclusas más grandes del mundo. Visite también la Antigua Lonja, en la que se encuentra el parque temático marítimo Seafront (Zeebrugge, 14 km, www.seafront.be, *vea también la pág. 78*) y donde descu-

Zeebrugge

LA TERMINAL DE CRUCEROS LE PONE ZEEBRUGGE A SUS PIES

La excepcional terminal de cruceros en el Rederskaai representa la puerta de acceso a Brujas (y su puerto). La torre de siete pisos simboliza un campanario contemporáneo y enfatiza el vínculo histórico entre el puerto de Zeebrugge y Brujas. Los pasajeros del crucero reciben una cordial acogida, pero la terminal también está abierta para todo el que quiera visitarla. El piso superior alberga el restaurante rooftop, Njord, que recibe el nombre por el dios del mar de los nórdicos. Aquí podrá degustar una deliciosa cocina marinera mientras disfruta de una amplia vista panorámica. El puerto, la costa e incluso el paisaje urbano de Brujas los tendrá a sus pies.

brirá la rica historia del mar. Pero los edificios de la Antigua Lonja también albergan tiendas, restaurantes y cafés. En el Centro Belle Epoque de Blankenberge (Blankenberge, 14 km, www.belleepoquecentrum.be) revivirá el emocionante periodo de transición del siglo XIX al siglo XX, una época de placer despreocupado en la costa belga bañada de lujo y grandeza. En Oostende no puede perderse el Mu.ZEE (Oostende, 22 km, www.muzee.be), con su colección única de arte moderno y contemporáneo belga y una flamante ala para los grandes maestros James Ensor, Raoul Servais y Léon Spilliaert; y el renovado centro experimental Het James Ensorhuis (Oostende, 22 km, www.visitoostende.be), en el que, a partir de junio 2020 (pendiente de confirmación), podrá volver a acceder al fascinante mundo del pintor más famoso de Oostende. Con Beaufort, podrá disfrutar del parque permanente de esculturas (www.belgiancoast.co.uk/en/inspiration/sculpture-park-beaufort): repartidas entre diversos municipios costeros se encuentran grandes obras contemporáneas de las antiguas ediciones de la trienal de arte. Podrá sentir una profunda paz rodeado de la flora y fauna del Zwin Natuur Park (Knokke-Heist, 20 km, www.zwin.be), «el aeropuerto internacional de aves».

Beaufort, Middelkerke

Westhoek

Vistas infinitas, colinas suaves, pólderes llanos y una serenidad espectacular. Lo que una vez fue el escenario de la Gran Guerra, ahora es una extensa tierra serena y tranquila, donde el disfrute no tiene fin. Esta región verde se repliega en la frontera francesa y la costa occidental. Descubrirá un montón de pueblecitos pintorescos, historias emocionantes y testigos silenciosos de la Primera Guerra Mundial, y también albergues sobrios y restaurantes encantadores en los rincones más idílicos, muy lejos del mundanal ruido. Fantástico para disfrutar paseando o montando en bici. Y venga de donde venga, se le recibirá con una generosa sonrisa del Westhoek. La cosa es poder disfrutar de un delicioso picon, el sabroso licor de la frontera.
INFO > www.toerismewesthoek.be

Imprescindible

El Museo In Flanders Field en Ypres (Ypres, 46 km, www.inflandersfields.be), en el Lakenhalle en el centro de la ciudad, narra de una forma impresionante la historia de la Primera Guerra Mundial en el frente de Flandes Occidental. En ese mismo edificio encontrará el Yper Museum (Ypres, 46 km, www.ypermuseum.be), dedicado a la rica historia de la ciudad que siempre consigue volver a levantarse. Todas las noches en Ypres todavía se celebra a las 20.00h en punto

Zonnebeke, Tyne Cot Cemetery

la ceremonia del Last Post (Ypres, 46 km, www.lastpost.be), un homenaje solemne por los soldados caídos que tiene lugar diariamente en la Puerta Menen, un impresionante monumento bélico con los nombres de 54.896 soldados británicos que no pudieron ser identificados después de morir en combate en los campos de batalla de la Primera Guerra Mundial. También en el Cementerio CWGC Tyne Cot (Passendale, 54 km, www.passchendaele.be, www.cwgc.org) el sacrificio humano de la Primera Guerra Mundial deja su huella indeleble en el cementerio británico militar más grande del continente. En el Memorial Museum Passchendaele 1917 (Zonnebeke, 66 km, www.passchendaele.be) se narra la historia de la Primera Guerra Mundial de una forma visual y emocionante, con especial énfasis en la Batalla de Passendale. Para las familias con niños, les aconsejamos el Castillo Beauvoorde (Wulveringem, 56 km, www.kasteelbeauvoorde.be). Conocerá el maravilloso mundo de los caballeros y mu-

Lo-Reninge, Centro de visitantes Jules Destrooper

jeres nobles y podrá disfrutar de una de las actividades familiares más entretenidas que se organizan en el parque anglo-francés del castillo. En el Centro de visitantes Jules Destrooper (Lo-Reninge, 70 km, www.julesdestrooper.com), paseará por el rico pasado del artesano de galletas Jules Destrooper y se le premiará la visita con una degustación de galletas. También es recomendable el Museo del lúpulo Poperinge (Poperinge, 83 km, www.hopmuseum.be), donde aprenderá todo sobre el lúpulo: desde el cultivo y la recolección hasta su elaboración, porque el lúpulo se utiliza para mucho más que la fabricación de cerveza.

EXCURSIONES GUIADAS EN EL WESTHOEK

Haga una inmemorable (mini) excursión en autobús desde Brujas por diversos recuerdos de la Primera Guerra Mundial en el Westhoek, con Quasimodo Tours (www.quasimodo.be), con el In Flanders Fields – The Great War tour (www.brussels-city-tours.be) y los Flanders Fields Battlefield Daytours (www.visitbruges.org). También puede hacer una excursión al Westhoek con Taxi Snel (www.taxisnel.be).

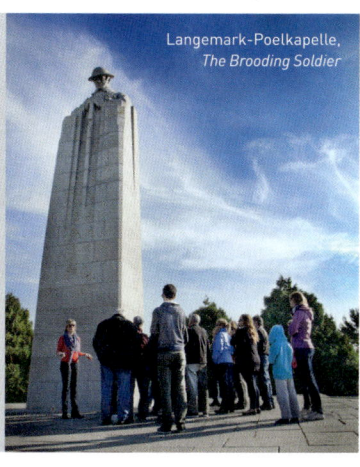

Langemark-Poelkapelle, *The Brooding Soldier*

Oficina de información: 't Zand (Sala de conciertos)

Brujas práctica

150 Cómo llegar y desplazarse por Brujas

154 Información práctica

160 Lista con nombres de calles

Mapa de la ciudad

Cómo llegar y desplazarse por Brujas

En www.visitbruges.be podrá encontrar información actual sobre la accesibilidad.

En coche

Brujas se encuentra a 1565 kilómetros de Madrid y a 1330 kilómetros de Barcelona. Por la autopista como poco 15 horas en la carretera. Una vez en Bélgica, tome la autovía E40 de Bruselas en dirección a Gante (Gent) / Brujas (Brugge) hasta llegar a Brujas. Llegará en una hora a Brujas. **El centro de la ciudad es zona 30. No se puede conducir a más de 30 km/h.** Puede aparcar de manera indefinida y ventajosa en uno de los dos parkings centrales. *(Lea más en «Aparcamiento»)*

🅿 Aparcamiento

Brujas es una ciudad de tamaño accesible. Se desaconseja el tráfico motorizado en el casco histórico. A una distancia andando del centro, encontrará una serie de aparcamientos donde podrá aparcar **gratis**. Algo más alejados del casco antiguo hay algunos aparcamientos gratis «park-and-ride», desde los que puede llegar al centro con transporte público o la bici. Alrededor del casco antiguo hay una «Zona azul». En las zonas indicadas puede aparcar gratis con un límite de tiempo (4 horas máx.) entre las 9:00h y las 18:00h. ¡No se le olvide colocar el disco de aparcamiento! El aparcamiento en la calle en el centro histórico entre las 9:00h y las 20:00h tiene un límite de tiempo (30 min. mín. y 4 horas máx.) y también se paga los domingos y festivos (hasta 1 hora: 2,00 €; hasta 2 horas: 5,00 €, hasta 3 horas: 9,00 €; máx. 14,00 € por 4 horas). El pago se puede realizar por SMS, con la app 4411 (solo para móviles belgas) o en un parquímetro (en efectivo o tarjeta bancaria). Para eso tiene que introducir el número de su matrícula. Para aparcar en el centro sin límite de tiempo y de forma **más económica** en uno de los dos parkings: en el aparcamiento Centrum-Station delante de la estación (mapa de la ciudad: D13) y en el aparcamiento Centrum-'t Zand bajo 't Zand. Desde los dos aparcamientos se puede llegar al Mercado andando, pero también puede coger el autobús municipal De Lijn *(leer más en «Transporte público»)*. La ida y vuelta en autobús (4 personas máx. por vehículo) desde el aparcamiento Centrum Station al centro se incluye en el ticket de aparcamiento. Si pasa la noche en Brujas, infórmese previamente sobre las posibilidades de aparcamiento de su alojamiento.
INFO > La información más actual de viaje la encontrará en www.visitbruges.be

▶ Aparcamiento Centrum-Station

Stationsplein | mapa de la ciudad: D13
CAPACIDAD > 1500
ABIERTO > Diariamente, 24/24 horas
PRECIO > Tarifa por hora: 1,10 € | máx. 5,50 €/24h aparcar | incluido traslado en bus (máx. 4 personas por coche, el billete lo puede comprar en la taquilla De Lijn o al conductor, válido únicamente el día de expedición)

▸ Aparcamiento Centrum-'t Zand
debajo de 't Zand | mapa de la ciudad: C9
CAPACIDAD > 1400
ABIERTO > Diariamente, 24/24 horas
PRECIO > 1ª hora gratis | a pagar a partir de la 2ª hora | máx. 14,40 €/24h aparcar

🚌 En autobús

Varias empresas internacionales de autobuses cuentan con conexiones en Brujas, desde ciudades extranjeras y centros neurálgicos importantes como las estaciones del tren de alta velocidad Bruselas-Sur y Lille-Europa, y también los aeropuertos de Fráncfort (terminal 2), Colonia, Bruselas, Schiphol en Ámsterdam, Charles de Gaulle y Orly en París. La parada para estos servicios de autobús se encuentra en la estación de Brujas, lado de Sint-Michiels (Calle Spoorwegstraat). La información más actual de las empresas de autobuses la encontrará en www.visitbruges.be.

🚂 En tren
▸ Nacional
Desde las principales estaciones de Amberes, Gante, Hasselt, Lovaina y Bruselas salen diariamente de una a cuatro trenes por hora directos hacia Brujas. Consulte www.belgiantrain.be.

▸ Internacional
La estación de Brussel-Zuid (o en francés: Bruxelles-Midi, es decir, Bruselas Sur) es el hub belga del tráfico de ferrocarril internacional (www.b-europe.com). Aquí llegan diariamente varios trenes de alta velocidad desde París (Thalys/IZY y TGV), Lille (Eurostar, TGV y Thalys), Londres (Eurostar), Ámsterdam (NS InterCity, Thalys y Eurostar) y Colonia (Thalys e ICE). Desde la estación Brussel-Zuid salen diariamente tres trenes por hora a Brujas, con las estaciones de Oostende, Knokke o Blankenberge como destino final. El viaje de Brussel-Zuid a Brujas dura aproximadamente una hora.

En avión

Cinco compañías aéreas vuelan a Bruselas desde varios aeropuertos de España: Brussels Airlines, Air Europa, Iberia, Ryanair y Vueling Airlines. Todas vuelan al aeropuerto Brussels Airport-Zaventem o Brussels South Charleroi Airport. Con TUI Fly puede volar al aeropuerto Ostend-Bruges Airport. Se puede llegar fácilmente a Brujas a través de los diferentes aeropuertos.

▸ Vía Brussels Airport-Zaventem
En el aeropuerto nacional aterrizan vuelos desde más de 200 lugares de 85 países. Desde Brussels Airport-Zaventem puede viajar cómodamente hasta Brujas en tren. Todos los días hay cada hora un tren directo a Brujas. Además, diferentes trenes desde el Brussels Airport-Zaventem llegan con bastante regularidad a las grandes estaciones de Bruselas Norte, Central o Sur. Desde estas estaciones salen diariamente tres trenes por hora a Brujas, con las estaciones de Oostende, Knokke o Blankenberge como destino final. Consulte www.belgiantrain.be para más información sobre tarifas y horarios. Si prefiere ir en taxi, vaya a la pág. 153 donde encontrará toda la información al respecto.

▸ Vía Brussels South Charleroi Airport
Este popular aeropuerto regional recibe varias aerolíneas de bajo coste desde diferentes ciudades y regiones de Europa y fuera de Europa. La compañía flibco.com (www.flibco.com) organiza diariamente varios autobuses directos desde y hacia la estación de Brujas. Si prefiere ir en taxi, vaya a la pág. 153 donde encontrará toda la información al respecto.

▶ Vía Ostend-Bruges Airport

El aeropuerto de Oostende-Brugge está en pleno desarrollo y amplía sistemáticamente su oferta. En 15 minutos se llega en autobús a la estación de trenes de Oostende. Desde ahí parten, entre las 6:00h y las 22:00h, al menos 3 trenes por hora a Brujas (con fin de parada Eupen, Welkenraedt, Brussels Airport-Zaventem, Antwerpen-Centraal o Kortrijk). El tiempo de viaje a Brujas es de alrededor de 15 minutos. Consulte la página web www.belgiantrain.be para obtener más información sobre horarios y tarifas. Si prefiere ir en taxi, vaya a la pág. 153 donde encontrará toda la información al respecto.

Transporte público

La información más actual de viaje la encontrará en www.visitbruges.be

▶ Autobús

El transporte público de Brujas está bien organizado. Cada tres minutos circulan autobuses de «De Lijn» entre la estación de trenes y el centro de la ciudad. Desde la parada de los autobuses turísticos en la Kanaaleiland (mapa de la ciudad: E13) también hay conexiones frecuentes por autobús a la estación y al centro. Los autobuses que circulan por el centro tienen paradas cerca de las calles comerciales, edificios históricos y museos más importantes. Las paradas más

¿Cómo llegar a Brujas?

salida	vía	km	duración en tren	duración en bus	reserva
Ámsterdam	Bruxelles-Midi	253	± 03:10	-	www.thalys.com, www.eurostar.com www.nsinternational.nl
Brussels Airport-Zaventem	-	110	± 01:30	-	www.belgiantrain.be
Brussels South Charleroi Airport	-	148	-	02:10	www.flibco.com
Colonia	Bruxelles-Midi	313	± 03:08	-	www.bahn.de, www.thalys.com
London St Pancras	Bruxelles-Midi	-	± 03:25	-	www.eurostar.com
Ostend-Bruges Airport	Oostende	24	ver arriba		www.delijn.be, www.belgiantrain.be
Lille Flandres	Cortrique (Kortrijk)	74	± 01:47	-	www.b-europe.com
Paris-Nord	Bruxelles-Midi	296	± 02:37	-	www.thalys.com

importantes se marcan en el mapa de la ciudad (ver mapa plegable en el forro de la contraportada).

▶ Billetes

Con un ticket de 3,00 € (puede que haya un cambio de precios durante el año), puede ir de una línea a la otra todas las veces que quiera durante 60 minutos. Este y otros billetes de transporte de De Lijn se pueden comprar en la tienda Lijn (Stationsplein), en las expendedoras de billetes (Stationsplein, parada de bus 't Zand), por SMS (solo para móviles belgas) o en la app De Lijn. También puede dirigirse a un punto de venta: oficina de información 't Zand (Sala de conciertos), diferentes librerías, puestos de prensa y supermercados en el centro.

🚗 Taxis

LUGAR DE ESTACIONAMIENTO >
> - En la estación de trenes de Brujas: dirección centro y dirección «Sint-Michiels»
> - En el Bargeweg (Kanaaleiland)
> - En la plaza del Markt (a la altura de la Corte Provincial)
> - En la calle Vlamingstraat (enfrente del Teatro Municipal)
> - En la calle Boeveriestraat (cerca de la plaza 't Zand)
> - En la calle Kuipersstraat (al lado de la biblioteca)

PRECIO > Las compañías locales de taxi ofrecen las siguientes tarifas fijas (los precios pueden ser actualizados durante el año):
> - Brujas <> Brussels Airport-Zaventem: 200,00 €
> - Brujas <> Brussels South Charleroi Airport: 250,00 €
> - Brujas <> Aéroport de Lille/estaciones de tren Lille: 140,00 €
> - Brujas <> Ostend-Bruges Airport: 70,00 €

> - Brujas <> Bruselas (centro): 175,00 €
> - Brujas (estación de trenes, Bargeplein o Boeveriestraat <> terminal de cruceros de Zeebrugge: 55,00 €

Puede encontrar una lista de las empresas de taxi autorizadas y sus datos de contacto en www.visitbruges.be

🚲 Bici taxi

LUGAR DE ESTACIONAMIENTO >
> - Markt (cerca del Historium)
> - 't Zand (cerca la Sala de conciertos)
> - Stationsplein (Kiss&Ride)

PRECIO > Tarifas (in situ) disponibles en empresas de bici taxis.

INFO > Tel. +32 (0)471 04 86 07 o www.taxifietsbrugge.be, tel. +32 (0)478 40 95 57 o www.fietskoetsenbrugge.be y tel. +32 (0)478 51 41 15 o www.greenrides.eu

En Brujas

Desde la estación de trenes de Brujas puede ir cada tres minutos a su alojamiento con los autobuses de «De Lijn» *(ver a continuación «Transporte público»)* o en Taxi *(ver «Taxis»)*.

Información práctica

Accesibilidad

En Brujas hay lugares con instalaciones para personas con limitaciones. En esta guía, se marcarán con 👤, 👤, 👤 y 👤. Gracias a estos iconos podrá encontrar fácilmente los lugares con instalaciones para personas con una limitación física, intelectual, visual y/o auditiva. En las 🛈 oficinas de información podrá encontrar más detalles sobre el nivel de accesibilidad. También puede recoger allí una publicación gratis (neerlandés, francés, alemán o inglés) con un paseo de fácil acceso por los lugares de interés más importantes. A lo largo del paseo, encontrará diversos alojamientos, restaurantes y servicios públicos con facilidad de acceso. Además, se le dará una serie de ideas prácticas.

Alquiler de bicicletas

» 📶 🚲 **Bauhaus Bike Rental**
LUGAR > Langestraat 145
PRECIO > 3 horas: 6,00 €; día: 12,00 €
ABIERTO > Diariamente, 8:00-18:00h
INFO > Tel. +32 (0)50 34 10 93, www.bauhaus.be

» 🚲 **B-Bike Concertgebouw**
LUGAR > Sala de conciertos, 't Zand
PRECIO > 1 hora: 4,00 €; 5 horas: 10,00 €; día: 12,00 €. Bici eléctrica o tándem, día: 22,00 €
ABIERTO > Diariamente, 10:00-19:00h; cerrado si hace mal tiempo, pero si se hace una reserva anticipada, se puede hacer la devolución de las bicis. Las bicicletas las puede devolver hasta las 22:00h a más tardar.
INFO > Tel. +32 (0)50 61 26 67 o +32 (0)479 97 12 80, www.bensbike.be

» 🚲 **Bruges Bike Rental**
LUGAR > Niklaas Desparsstraat 17
PRECIO > 1 hora: 4,00 €; 2 horas: 7,00 €; 4 horas: 10,00 €; día: 13,00 €, estudiantes: 11,00 €. Bici eléctrica, 1 hora: 10,00 €; 2 horas: 15,00 €; 4 horas: 22,00 €; día: 30,00 €, estudiantes: 27,00 €. Tándem, 1 hora: 10,00 €; 2 horas: 15,00 €; 4 horas: 20,00 €; día: 25,00 €, estudiantes: 22,00 €
ABIERTO > Diariamente, 10:00-20:00h
DÍAS ESPECIALES DE CIERRE >
El 1/1 y el 25/12
INFO > Tel. +32 (0)50 61 61 08, www.brugesbikerental.be

» 🚲 **De Ketting**
LUGAR > Gentpoortstraat 23
PRECIO > Día: 8,00 €. Bici eléctrica, día: 22,00 €
ABIERTO > Lunes, 10:30-18:00h; de martes a sábado, 10:00-18:00h; desde el 1/4 hasta el 15/10: también los domingos, 10:30-18:00h
INFO > Tel. +32 (0)50 34 41 96, www.deketting.be

» 🚲 **Fietsen Popelier**
LUGAR > Mariastraat 26
PRECIO > 1 hora: 5,00 €; 4 horas: 10,00 €; día: 15,00 €. Bici eléctrica o tándem, 1 hora: 10,00 €; 4 horas: 20,00 €; día: 30,00 €
ABIERTO > Desde el 16/3 hasta el 31/10: diariamente, 9:00-19:00h; desde el 1/11 hasta el 15/3: diariamente, 10:00-18:00h
DÍAS ESPECIALES DE CIERRE >
El 1/1, el 21/5 y el 25/12; en enero y diciembre, cerrado los lunes
INFO > Tel. +32 (0)50 34 32 62, www.rollywood.be

» 🚲 **Fietspunt Station**
LUGAR > Hendrik Brugmansstraat 3 (Stationsplein)
PRECIO > 1 hora: 6,00 €; 4 horas: 10,00 €; día: 15,00 €. Bici eléctrica, 4 horas: 20,00 €; día: 30,00 €

ABIERTO > De lunes a viernes, 7:00-19:00h; desde el 1/5 hasta el 30/9: también los fines de semana y días de fiesta, 9:00-17:00h
DÍAS ESPECIALES DE CIERRE >
Desde el 25/12 hasta el 1/1
INFO > Tel. +32 (0)50 39 68 26, www.groepintro.be/contact/fietspunt-brugge

» 🛜 🚲 Koffieboontje
LUGAR > Hallestraat 4
PRECIO > 1 hora: 5,00 €; 5 horas: 10,00 €; día: 15,00 €, estudiantes: 11,25 €. Tándem, 1 hora: 10,00 €; 5 horas: 20,00 €; día: 30,00 €, estudiantes: 22,50 €
ABIERTO > Diariamente, 9:00-22:00h
EXTRA > Alquiler de sillas de ruedas y carritos infantiles
INFO > Tel. +32 (0)50 33 80 27, www.bikerentalkoffieboontje.be

» 🛜 🚲 Snuffel Hostel
LUGAR > Ezelstraat 42
PRECIO > Día: 10,00 €
ABIERTO > Diariamente, 8:00-20:00h
INFO > Tel. +32 (0)50 33 31 33, www.snuffel.be

» 🛜 🚲 Steershop
LUGAR > Koolkerkse Steenweg 7a
Las bicis de alquiler se pueden entregar en la dirección del alojamiento.
PRECIO > Bici urbana, día: 18,00 €; bici de carreras, día: 28,00 €
ABIERTO > De martes a viernes, 8:00-12:00h y 15:00-19:00h (los miércoles hasta las 20:00h); el sábado 8:00-9:00h, pero la tienda: 12:00-18:00h
EXTRA > Tours con guía *(ver pág. 142)*
INFO > Tel. +32 (0)492 53 83 54, www.steershop.be

La mayoría de los puntos de alquiler de bicicletas piden fianza.

🚲 Alquiler de motocicletas
Vespa Tours
LUGAR > Komvest 40
PRECIO POR VESPA > Casco y seguro incluidos, 5 horas: 50,00 € (1 persona) o 65,00 € (2 personas); día: 70,00 € (1 persona) o 80,00 € (2 personas)
ABIERTO > Desde el 1/4 hasta el 31/10: diariamente, 10:00-18:00h con cita
CONDICIONES > Edad mínima del conductor: 21 años, carnet de conducir B
INFO > Tel. +32 (0)497 64 86 48

Baños

Brujas tiene varios baños públicos (vea 🚾 en el mapa desplegable de la ciudad en el interior de la cubierta). En general, cuando un lugareño tiene la necesidad, entrará en un bar para beber algo y aprovechará la ocasión para ir al baño.

Cines

Todas las películas son en versión original y si es necesario con subtítulos en neerlandés o francés. Los billetes los puede comprar en línea, en el lugar mismo o en el ℹ️ 't Zand (Sala de conciertos).

🛜 Cinema Lumière
Sint-Jakobsstraat 36, tel. +32 (0)50 34 34 65, www.lumierecinema.be

🛜 16 Kinepolis Brugge
Koning Albert I-laan 200, Sint-Michiels, tel. +32 (0)50 30 50 00, www.kinepolis.com | Autobús de línea n° 27, parada: Kinepolis

🅿️ 🚐 Coches caravana

La Kanaaleiland en el Bargeweg ofrece un lugar ideal durante todo el año para al menos 57 caravanas. Una vez su coche esté aparcado, a un paseo de menos de cinco minutos por el Beaterio, llega al centro de Brujas. No es posible reservar.
PRECIO > Desde el 1/4 hasta el 30/9: 25,00 €/día; desde el 1/10 hasta el 31/3: 19,00 €/día. Electricidad gratis, conexión con agua limpia (0,50 €) y posibilidad de descarga de aguas sucias.

ABIERTO > Puede entrar en el terreno desde las 8:00h a las 22:00h. Siempre se puede pasar por fuera.
INFO > www.interparking.com

Consigna
» **Station**
Stationsplein | mapa de la ciudad: C13

»  **Historium**
Markt 1

Cuándo viajar y clima

A pesar de que la mayoría elige la primavera o el verano para visitarnos, sin duda Brujas le puede conquistar en cada estación del año. Durante el otoño y los meses invernales, le encantarán los canales brumosos, las tortuosas callejuelas de adoquines y las tabernas populares. Muchísimo ambiente que disfrutar, aunque sobre todo en otoño e invierno caigan algunos chubascos. Traer un paraguas no es un lujo excesivo. Los meses fríos ofrecen también una excelente oportunidad para visitar los museos o las atracciones de la ciudad de una manera más tranquila, disfrutar de un buen restaurante y de una agradable sobremesa acompañado de una rica cerveza de Brujas. Además, durante los meses de enero, febrero y marzo y los días laborales se puede alojar a precios más económicos.

Días festivos

Durante los días festivos la mayor parte de las empresas, instituciones y servicios están cerrados.
> - 1 de enero (Año Nuevo)
> - 12 de abril (Pascua) y 13 de abril (Lunes de Pascua)
> - 1 de mayo (día de los Trabajadores)
> - 21 de mayo (día de la Ascensión)
> - 31 de mayo (Pentecostés) y 1 de junio (Lunes de Pentecostés)
> - 11 de julio (día de fiesta Flamenco)
> - 21 de julio (día de fiesta Nacional)
> - 15 de agosto (Asunción)
> - 1 de noviembre (Todos los Santos)
> - 11 de noviembre (día del Armisticio)
> - 25 de diciembre (Navidad)
> - 26 de diciembre (segundo día de Navidad)

Días de mercado
» **Lunes**
8:00-13:30h | Onder de Toren – Lissewege | mercado en general
» **Miércoles**
8:00-13:30h | Markt | comida y flores
» **Viernes**
8:00-13:30h | Marktplein – Zeebrugge | mercado en general
» **Sábado**
8:00-13:30h | 't Zand | mercado en general
» **Domingo**
7:00-14:00h | Veemarkt, Sint-Michiels | mercado en general
» **De miércoles a sábado**
8:00-13:30h | Vismarkt | pescado
» **Diariamente**
Desde el 15/3 hasta el 15/11: 9:00-17:00h; desde el 16/11 hasta el 14/3: 10:00-16:00h | Vismarkt | productos artesanales
» **Sábado, domingo, festivos y puentes en el período desde el 15/3 hasta el 15/11 + también los viernes de junio a septiembre**
10:00-18:00h | Dijver | antigüedades, curiosidades y artesanía

Dinero

La mayor parte de los bancos de Brujas abre sus puertas de 9:00h a 12:30h y de 14:00h a 16:30h. Algunas oficinas también abren los sábados por la mañana. Los domingos todos están cerrados. Hay cajeros automáticos en diversas calles comerciales, en la plaza 't Zand, la Simon Stevinplein y la estación de trenes. Aquí puede sacar fácilmente dinero con las tarjetas Visa, Eurocard o MasterCard. Se puede cambiar dinero en una de las oficinas de cambio. En caso de pérdida o robo, bloquee inmediatamente su tarjeta del banco: llame a «Card Stop» en el teléfono 070 344 344 (24 horas).

» **Oficina de cambio Western Union**
INFO > Steenstraat 2, tel. +32 (0)50 34 04 71
» **Oficina de cambio Pillen bvba**
INFO > Vlamingstraat 18, tel. +32 (0)50 44 20 55
» **Oficina de cambio Moneytrans Brugge**
INFO > Rozenhoedkaai 2, tel. +32 (0)50 34 59 55

Emergencias
▶ **Asistencia europea: tel. 112**
El número general gratis que es válido para todos los estados miembros de la Unión Europea para los bomberos y asistencia médica y de la policía está diariamente accesible 24 horas al día.

▶ **Ayuda médica**
» **Médicos, farmacias, dentistas y enfermeras de urgencia**
Tel. 1733. Para asistencia médica no urgente por la noche, durante el fin de semana o en días festivos.
» **Hospitales**
A.Z. St.-Jan > tel. +32 (0)50 45 21 11
A.Z. St.-Lucas > tel. +32 (0)50 36 91 11
St.-Franciscus Xaveriuskliniek > tel. +32 (0)50 47 04 70
» **Centro de toxicología**
tel. +32 (0)70 245 245

Es bueno saber

No deje que los carteristas le estropeen su día de compras y ponga su **cartera** preferiblemente en un bolsillo cerrado del interior de su chaqueta y no en el bolso o la mochila abierta. Un buen consejo para las señoras: cierre bien su bolso y lleve el cierre contra su cuerpo. Brujas es una ciudad alegre con una vida nocturna agradable. Tenga en consideración la prohibición de vender, servir o regalar **bebidas alcohólicas fuertes** a menores de 18 años (wiski, ginebra, ron, vodka…). Esta prohibición es también aplicable a los menores de 16 años para bebidas con un porcentaje de alcohol mayor del 0,5%. En caso de comprar bebidas alcohólicas, le pueden pedir una prueba de su edad. Todas las drogas, incluido el cannabis, están prohibidas en Bélgica. Visitar Brujas es disfrutar plenamente, pero asegúrese de dejarla **limpia** y deposite su basura en las papeleras.

Formalidades
» **Identificación**
Es obligatorio tener pasaporte o carnet de identidad válido. Para la mayoría de los residentes de la Unión Europea basta con el carnet de identidad normal. Si entra en Bélgica desde un país no-UE, tendrá que pasar por la aduana. Una vez dentro de la Unión Europea no hay ningún control fronterizo. Compruebe con la debida antelación en una Embajada o Consulado belga en su propio país qué documentos necesita.
» **Salud**
Los residentes de la Unión Europea tienen en Bélgica acceso a la asistencia médica en el caso de una urgencia imprevista. Se le ofrecerá la misma asistencia bajo las mismas condiciones que al pueblo belga y se le remunerarán los gastos médicos total o parcialmente. Puede solicitar esta tarjeta en sus oficinas de la seguridad social. Nota: cada miembro de la familia debe tener su propia tarjeta.

Fumar

En Bélgica está prohibido fumar en cafés, bares, restaurantes y lugares públicos como hoteles y edificios oficiales. Normalmente, los fumadores empedernidos se reúnen fuera de los establecimientos donde les espera un cenicero.

Habitantes

A 1 de enero del 2019, el centro de Brujas contaba con 19.675 habitantes. La población total de Brujas era de 118.176.

Horarios de apertura

Los cafés y restaurantes no tienen hora de cierre fija. Algunas veces pueden estar abiertos hasta tarde en la madrugada, y otras veces – dependiendo del número de clientes – pueden cerrar antes. *(Lea «De compras en Brujas» con información sobre horarios comerciales, pág. 98)*

Llamar por teléfono

Quien quiera llamar a Brujas desde el extranjero, tiene que marcar el prefijo nacional +32, seguido del número regional 50 (el primer 0 no hay que marcarlo).

Oficina de correo

Smedenstraat 57-59 | mapa de la ciudad: B9
También se puede pasar por uno de los puntos de venta de correos (asesoría, envíos, sellos…), los sellos los puede comprar en varios establecimientos en diversas calles comerciales o en la ℹ️ oficina de información 't Zand (Sala de conciertos).

ℹ️ ♿ 📶 Oficina de información

» **Oficina de información Markt (Historium)**
Diariamente, 10:00-17:00h
» **Oficina de información 't Zand (Sala de conciertos)**
De lunes a sábado, 10:00-17:00h
Domingos y días festivos, 10:00-14:00h
» **Oficina de información Estación de trenes (acceso a los andenes, dirección centro)**
Diariamente, 10:00-17:00h
Todas las oficinas de información están cerradas el día de Navidad y Año Nuevo.
Tel. +32 (0)50 44 46 46, visitbruges@brugge.be, www.visitbruges.be

Piscinas

11 Interbad Farys

Piscina climatizada de 25 metros, con piscina de entrenamiento aparte; además una piscina recreativa, tobogán de 60 metros y piscina para niños pequeños.
INFO > Veltemweg 35, Sint-Kruis, tel. +32 (0)50 35 07 77, zwembad.interbad@farys.be, www.interbad.be; autobús de línea n° 10, n° 58 o n° 58S, parada: Watertoren

♿ 12 Jan Guilini

Esta piscina cubierta de 25 metros de largo se encuentra en un hermoso edificio protegido. Toma su nombre del campeón de natación y combatiente de la resistencia Jan Guilini.
INFO > Keizer Karelstraat 41, tel. +32 (0)50 31 35 54, zwembad.guilini@farys.be, www.brugge.be/zwembadjanguilini; autobús de línea n° 9, parada: Visartpark

♿ 📶 13 LAGO Brugge Olympia

Piscina olímpica (50 metros), un parque acuático climatizado subtropical (con toboganes, una piscina de olas y una pista de rápidos) y una gran zona de césped (con dos piscinas exteriores y diversas atracciones) y varias instalaciones de wellness.
INFO > Doornstraat 110, Sint-Andries, tel. +32 (0)50 67 28 70, olympia@lago.be, www.lago.be/brugge; autobús de línea n° 5, parada: Lange Molen, n° 15, parada: Boeverbos o n° 25, parada: Jan Breydel

Todos los horarios están disponibles en las ℹ️ oficinas de información Markt (Historium), 't Zand (Sala de conciertos) y Estación de trenes (acceso a los andenes dirección centro).

🚨 Policía

» **General**
Tel. +32 (0)50 44 88 44 o www.politiebrugge.be. Puede hacer una cita en el sitio web.
» **Asistencia de emergencia policial**
Tel. 101

» **Distrito centro**
De lunes a viernes: 8:00-17:00h; sábado: 9:00-18:00h; cerrado los domingos y festivos | Kartuizerinnenstraat 4 | mapa de la ciudad: E9

» **Comisaría**
Lunes a jueves: 7:00-21:00h y en horario continuo desde el viernes a las 7:00h hasta el domingo 21:00h. Para cualquier emergencia hay un servicio 24 horas permanente en la comisaría | Lodewijk Coiseaukaai 3 | mapa de la ciudad: F1

Servicios religiosos

01 Basiliek van het Heilig Bloed (Basílica de la Santa Sangre)
diariamente, salvo lunes: 11:00h

02 Begijnhofkerk (Iglesia del beaterio)
de lunes a sábado: 11:00h, domingo y festivos: 9:30h

04 Engels Klooster (Convento inglés)
de lunes a sábado: 7:45h

12 English Church
('t Keerske / Capilla de San Pedro)
misa anglicana en inglés,
domingo: 18:00h (27/10 al 24/3: 17:00h)

10 Kapucijnenkerk (Iglesia de Capuchinos)
de lunes a viernes: 8:00h (martes también a las 18:00h), sábado: 18:00h, domingo: 10:00h

11 Karmelietenklooster (Monasterio de los Carmelitas)
de lunes a viernes: 12:00h, domingo: 10:00h

15 Onze-Lieve-Vrouwekerk (Iglesia de Nuestra Señora)
sábado: 17:30h, domingo: 11:00h

16 Onze-Lieve-Vrouw-ter-Potteriekerk (Iglesia de Nuestra Señora de la Potterie)
domingo: 7:00h y 9:30h

17 Onze-Lieve-Vrouw-van-Blindekenskapel (Capilla de Nuestra Señora de los Ciegos)
cada primer sábado del mes: 18:00h

18 Orthodoxe Kerk HH. Konstantijn & Helena (Iglesia ortodoxa Constantino y Elena)
sábado: 18:00h, domingo: 9:00h

19 Sint-Annakerk (Iglesia de Santa Ana)
domingo: 9:00h

20 Sint-Gilliskerk (Iglesia de San Gil)
domingo: 19:00h

22 Sint-Jakobskerk (Iglesia de Santiago)
miércoles y sábado: 19:00h

23 Sint-Salvatorskathedraal (Catedral de San Salvador)
de lunes a viernes: 18:00h (el viernes también a las 8:30h, excepto julio y agosto), sábado: 16:00h, domingo: 10:30h

12 Verenigde Protestantse Kerk (Iglesia Protestante Unida)
('t Keerske / Capilla de San Pedro)
domingo: 10:00h

25 Vrije Evangelische Kerk (Iglesia Evangélica Libre)
domingo: 10:00h

Tarjetas de descuento y tickets combi

En Brujas puede visitar un montón de museos, lugares de interés y atracciones con descuentos, gracias a las tarjetas descuento y las combi. *Lea más al respecto en la pág. 85.*

Lista con nombres de calles

18-Oktoberstraat	A11

A
Academiestraat	E7
Achiel Van Ackerplein	C5
Adriaan Willaertstraat	E7
Albrecht Rodenbachstraat	H6
Altebijstraat	J7
Andreas Wydtsstraat	G11
Anjerstraat	J13
Annuntiatenstraat	F4
Appelstraat	J12
Arnoldine van den Radestraat	I10
Arsenaalstraat	E11
Artoisstraat	C9
Augustijnenrei	E6
Azijnstraat	D6

B
Bakkersstraat	D10
Baliestraat	F4
Balsemboomstraat	I7
Balstraat	H6
Bapaumestraat	I6
Bargeplein	E13
Bargeweg	F12
Baron Joseph Ryelandtstraat	A5
Baron Ruzettelaan	G13
Baron Ruzettepark	E2
Barrièrestraat	A14
Barthelsstraat	H14
Beaupréstraat	J8
Beeldenmakersstraat	G9
Beenhouwersstraat	C7
Begijnenvest	D12
Begijnhof	E11
Begoniastraat	I14
Beursplein	B10
Bevrijdingslaan	A7
Biddersstraat	E5
Biezenstraat	C5
Bilkske	H8
Biskajersplein	E7
Blekerijstraat	I10
Blekersstraat	G6
Blinde-Ezelstraat	F8
Bloedput	B7
Bloemenstraat	I12
Blokstraat	D4
Boeveriepoort	B12
Boeveriestraat	C10
Bollaardstraat	C7
Boninvest	H10
Boomgaardstraat	G7
Boterhuis	D7
Boudewijn Ostenstraat	F7
Boudewijn Ravestraat	G11
Braambergstraat	F8
Brandstraat	B8
Breidelstraat	E8
Brugse-Mettenstraat	J5
Buiten Begijnevest	D12
Buiten Boeverievest	B10
Buiten Boninvest	I10
Buiten de Dampoort	H2
Buiten de Smedenpoort	A9/10
Buiten Gentpoortvest	G11
Buiten Katelijnevest	F13
Buiten Kazernevest	J7
Buiten Kruisvest	I4
Buiten Smedenvest	B8
Burg	F8
Burgstraat	F7

C
Calvariebergstraat	E3
Camille van de Walle de Ghelckestraat	G13
Canadaplein	A10
Carmersstraat	H5
Cesar Gezellestraat	I11
Chantrellstraat	D13
Christine D'haenstraat	I1
Colettijnenhof	F12
Colettijnenstraat	F12
Collaert Mansionstraat	F5
Cordoeaniersstraat	E7
Cornelis de Moorstraat	G11
Coupure	H8

D
Dampoort	H2
Dampoortstraat	I3
Damse Vaart-Zuid	I1
Daverlostraat	I11
De Garre	F8
De Tuintjes	J2
Dhoorestraat	J11
Diamantslijpersstraat	G9
Dijver	F9
Diksmuidestraat	D2
Dirk Boutsstraat	B4
Driekroezenstraat	F10
Driezwanenstraat	G6
Dudzeelse Steenweg	G1
Duinenabdijstraat	G4
Dweersstraat	D9

E
Edestraat	J3
Edward de Denestraat	G12
Eekhoutpoort	F9
Eekhoutstraat	F9
Eiermarkt	E7
Eiland	D11
Elf-Julistraat	D4
Elisabeth Zorghestraat	G5
Emmanuel de Neckerestraat	A5
Engelsestraat	F6
Engelstraat	G8
Essenboomstraat	I7
Eugeen Van Oyestraat	H13
Eugeen Van Steenkistestraat	F4
Evert van 't Padstraat	I11
Ezelpoort	C4
Ezelstraat	C5

F
Filips de Goedelaan	B5
Filips Wielantstraat	I12
Fonteinstraat	B10
Fort Lapin	G1
Frank Van Ackerpromenade	D13
Freren Fonteinstraat	G8

G
Ganzenplein	H8
Ganzenstraat	H8
Gapaardstraat	H9
Garenmarkt	F9
Garsoenstraat	D11
Geernaartstraat	E7
Geerolfstraat	F9
Geerwijnstraat	D7
Geldmuntstraat	D8
Generaal Lemanlaan	I11
Genthof	F6
Gentpoortstraat	G10
Gentpoortvest	G11
Geralaan	J3
Gevangenisstraat	F9
Gieterijstraat	C6
Giststraat	D8
Gloribusstraat	C10
Goezeputstraat	D10
Gotje	G4
Gouden-Boomstraat	B5
Gouden-Handrei	F6
Gouden-Handstraat	F5
Goudsmedenstraat	G9
Graaf de Mûelenaerelaan	G1
Graaf Visartpark	B6
Grauwwerkersstraat	D6
Greinschuurstraat	B9
Groenerei	G7
Groenestraat	C6
Groeninge	E9
Gruuthusestraat	E9
Guido Gezellelaan	B8
Guido Gezelleplein	E9
Guido Gezellewarande	I5
Gulden-Peerdenstraat	J12
Gulden-Vlieslaan	B6
Gustave Vincke-Dujardinstraat	A4

H
Haanstraat	D8
Haarakkerstraat	G3
Hadewijchstraat	I12
Hallestraat	E8
Hauwerstraat	C10
Havenstraat	F1
Heilige-Geeststraat	E9
Helmstraat	D8
Hemelrijk	H4
Hendrik Brugmansstraat	C13
Hendrik Consciencelaan	B10
Hendrik Pulinxpad	E12
Hertsbergestraat	F7
Hoedenmakersstraat	E5
Hoefijzerlaan	B8
Hof Arents	E9
Hof Campers	F3
Hof de Jonghe	F3
Hoogste van Brugge	C9
Hoogstraat	F7
Hoogstuk	I9
Hooistraat	I8
Hoornstraat	F6
Hortensiastraat	I13
Houthulststraat	B4
Houtkaai	A3
Hugo Losschaertstraat	D5
Hugo Verrieststraat	I5
Huidenvettersplein	F8

I
Ieperstraat	E7
IJzerstraat	D2

J
Jakob van Ooststraat	E7
Jakobinessenpark	G10
Jakobinessenstraat	G10
James Wealestraat	E4
Jan Blockxstraat	H12
Jan Boninstraat	D6
Jan Breydellaan	A9
Jan Miraelstraat	E6
Jan Moritoenstraat	H12
Jan van Eyckplein	F6
Jan van Ruusbroecstraat	H12